颠覆传统的文学讲

爆趣大语文

中阶 上

胡彬彬 黄可澄 主编

SPM
南方出版传媒
新世纪出版社
·广州·

图书在版编目（CIP）数据

爆趣大语文．中阶．上／胡彬彬，黄可澄主编．—广州：新世纪出版社，2018.8
ISBN 978-7-5583-1300-4

Ⅰ．①爆… Ⅱ．①胡… ②黄… Ⅲ．①小学语文课—教学参考资料 Ⅳ．① G624.203

中国版本图书 CIP 数据核字（2018）第 167139 号

出 版 人：姚丹林
责任编辑：庄淳楦
责任技编：陈静娴

爆趣大语文　中阶（上）
BAOQU DA YUWEN　ZHONGJIE（SHANG）

出版发行：新世纪出版社
（广州市大沙头四马路 10 号）
印　　刷：佛山市浩文彩色印刷有限公司
经　　销：全国各地新华书店
开　　本：889mm×1194mm　1/16
印　　张：15.25
字　　数：238 千字
版　　次：2018 年 8 月第 1 版
印　　次：2018 年 8 月第 1 次印刷
定　　价：68.00 元

质量监督电话：020-83797655

明师教育
《爆趣大语文》编委会

主　　编　胡彬彬　黄可澄

执行主编　何铭杰

编　　者　程晓雯　彭馨蔷　陈晓纯　蒋彩珍

丛书编纂团队主要成员介绍

胡彬彬 主编

广州市明师教育服务股份有限公司董事、执行总裁，《爆趣大语文》创始人，汉语言文学教育学士，公共管理学硕士，顶级明星语文教师。精研现代汉语、名著阅读以及现代文学，十五年一线毕业班的教学经验，对各类型、各层次学生情况了如指掌，擅长用轻松愉快的学习方法让学生对语文产生兴趣。

黄可澄 主编

明师教育大语文项目负责人，《爆趣大语文》执行主编，拥有汉语言文学与历史学双学士学位，有着六年的一线小学语文教学经验，致力于培养学生的人文素养，让学生爱上语文。

教学上主张语文其实不只是读背写，不只是考到多少分，看待语文应该有更宽广的视野，语文除了语言文字外还有文学。针对不同年龄的学生会采取不同的教学方法，带领他们认识文人，欣赏文学，了解“大语文”，细细品味语文的趣与美。

何铭杰 执行主编

明师教育大语文项目负责人，《爆趣大语文》执行主编、创意策划。洞悉 K12 行业产品市场，八年时间潜心研发小学趣味课堂模式，了解时下小学生对文学文化类知识学习需求。

负责《爆趣大语文》体系的设计、梳理与搭建，结合丰富的素质类项目经验，为大语文运营提供活动、方案指导，结合 AR 技术，致力为学生提供更丰富的语文学习体验。

程晓雯

明师教育广州地区大语文学科长，主修汉语言文学和儿童心理学，执教语文七年。出生诗书世家，追求汉语教学的三部曲：授课—育人—教心。常与学生一起修行传统文化，以德研学，内外兼修，于课堂中引古博今，追求学以致用，活学活用。

彭馨蔷

明师教育皇牌大语文老师，自幼饱读诗书，中文系学霸级人物，对语文教学有着自己独到的追求，上课活泼生动、激情洋溢，喜欢用搞笑的漫画、幽默的表演让学生发现语文乐趣，爱上语文，活用语文。她的课堂，不但教会学生求知，更教会学生成长。

陈晓纯

有丰富的小学语文教学经验，讲课逻辑严谨，善于营造轻松的课堂氛围，将语文知识融于一个个具有现场感的故事中。带领学生在大语文庞大而又秩序井然的体系中，追随先贤伟人的足迹，感受最纯粹的语文魅力。

蒋彩珍

汉语言文学专业，通晓各类语言学和文学知识。注重因材施教，寓教于乐，在教学中引导学生观察生活，培养孩子自主思考的能力。热爱文学与教育事业，喜欢与孩子们一起畅游在知识的海洋中。

自 序

我是一个土生土长的广州人，爱好文学。从公立学校语文老师到培训辅导机构的皇牌老师，一直坚持用心教学，把自己在语文学科多年累积的知识教授给学生，所幸历年跟随我的学生在各大考试中都取得不错的成绩。

但我对语文的要求不仅仅是这样，对于语文教学的愿景，我更希望学生可以抛开考试要求，心里真正喜欢这个学科。希望学生能够感受一种不一样的语文课堂，做一个有文学修养的人。

进入教育培训这个行业已经十六年了，林立的培训机构给孩子们开设的语文课，无一例外，全都是新八股作文。于是，我在教学的过程中萌生了这样的想法，带领一支精英团队，建立一套全新的语文体系，这套体系应具备以下特点：

1. 以提高学生语文素养、开阔其视野、铸就其沉静而自信的人格为目的。

2. 将语文学习由一个无限集变为一个相对的有限集，为学生搭建一个完整的体系。

3. 以时代、国别为线索，以历史、文坛上的重要人物为载体，如中国的二十四史般，以纪传体的方式讲授语文课。

4. 以文化强国、培养“大家”为使命。

5. 将语文学习分为三个阶段，语言和文字、语言和文学、语言和文化，将语文学科的魅力多角度呈现，让语文成为真正的“大语文”。

6. 适合中小学生，强调趣味性，提倡广泛阅读，培养对文学的兴趣，激发学生对文化的求知欲。

2013年，我去北京进行学习交流，结识了窦昕老师，开始接触“大语

文”这个理念，细细琢磨后，心情久久不能平复，这就是我一直期待的语文课程。这几年一直奔波广州、北京两城，与窦昕老师一起着手研发具有广州本地化的大语文教材，并且在2016年出版了《明师大语文——经典十二讲》，牛刀初试，取得了不错的成绩，获得了家长以及学生的欢迎，更加坚定了我把大语文系列整体出版的决心。

在《明师大语文——经典十二讲》成功的鼓舞下，我们又和北京中文未来团队签订了委托合同，继续开发课程。五年磨一剑，在中文未来团队的协助下，明师教育的自有团队终于完成了拥有独立知识产权的“爆趣大语文”系列丛书的编写和中小学语文课程的开发。它们都秉承着“大语文”的理念。同时，本丛书知识体系完整，表现形式生动有趣，作为广大小读者补充文史知识，提升人文素养的读本也是不错的选择。

诚然，这套书出自初出茅庐的明师教育大语文团队，年轻如斯，轻狂的我们，虽将成果结晶视若至宝，却连自己都能看出其中的些许漏洞和不足，然而为了填补空白并让市场充分验证，我们还是决定将《爆趣大语文》于今夏付梓，希望一直关注我们的学员、家长、好友、专家、良师朋友们共同指正。

2018年夏，谨将这潦草的自序，五年来这有笑有泪的春秋与满腔热情和无悔的青春，献给我最珍爱的教育，最喜爱的学生，最挚爱的伙伴和这套最心爱的“爆趣大语文”系列丛书！

胡彬彬

2018年4月17日

前 言

《爆趣大语文》是广州市明师教育服务股份有限公司开发的一系列秉承着独特“大语文”理念的中小学语文教学课程，本丛书就是大语文课程的专用教材。同时，本丛书知识体系完整，表现形式生动有趣，作为广大小读者补充文史知识，提升人文素养的读本也是不错的选择。

本丛书的体系——三线贯穿

大语文的课程分为“古文”“阅读”“作文”三类。在授课时一般三种课程穿插进行，齐头并进：以古文课程打好国学基础，以阅读课程构建对文学史的认知，以作文课程将渊博的积累与丰富的情感体验落诸笔端，最终实现学生语文素养的全面提高。

在课程内容上，我们一改传统语文教学以作品为纲的模式，开创性地以作家为纲，按照循序渐进的原则做了安排。

古文部分：三年级讲授唐代文学，四年级讲授宋代文学，五年级讲授先秦文学，六年级讲授明清文学。

阅读部分：三年级讲授中外神话、寓言、史诗、童话；四年级讲授文艺复兴和英法浪漫主义、现实主义文学；五年级讲授中国现代文学和美国、俄国文学，并介绍两位获得诺贝尔文学奖的东方作家；六年级主要配合小升初复习讲授文学常识汇总，同时还有一定的补遗和深化。

作文部分：三年级讲授主题作文和基础语句技法；四年级主要讲授描写技法和叙事技法，并介绍几个特色写作方案；五年级则讲授一些层次更高的写作技法并大量介绍老师的特色作文方案；六年级则以考场美文为目标，讲授各种题型的作文，并配合真题演练模拟。

经过这样四年的系统语文学习，我们希望能激发出每个学生对知识、阅读的兴趣，对崇高人格的向往，对社会和自我的思考。

课程板块设计

古文课程和阅读课程的板块设置基本相同，主要包含下面部分。

知识背景：简述本讲内容在文学体系上的重要性，及其作品在校内教材的引用情况。

重点难点：归纳出本讲需要重点掌握的知识点。

著作推荐：为意犹未尽的学生推荐合适版本的名著，乃至精选的景点、影视等。

人物名片：结合时间轴线，介绍主要人物、故事的发展历程。

课前漫画：用原创的四格漫画介绍一个与本课相关的故事，激发学生的学习兴趣。

知识链接：补充与本课内容相关的背景知识，为更好地理解课文做准备。

每课金句：挑选一句与本课相关的名言警句，让积累成为习惯。

作品赏析：选取适合学生理解能力的最具代表性原汁原味的作品，作为课文学习。同时，让学生在畅游文学大观园之后，夯实文学基础，提高解题能力。

汉字大变脸：展示一个汉字从甲骨文到现代汉字的演变过程，让学生体会并理解汉字的造字规律，加深对传统文化的认识。

拓展阅读：从本课的某一知识点出发，选取一个既有趣又有意义的知识点发散到古今中外各个领域，帮助学生了解多种文化，开阔视野。

作文课程板块设计，主要特色部分为“**课前阅读**”“**技法展示**”“**本课习作**”“**写作锦囊**”“**范文赏析**”“**拓展阅读**”，虽然体例与讲解文学史的课程有所不同，但其中激发兴趣、快乐学习、基础与拓展并重的理念是一以贯之的。

为了让学习《爆趣大语文》的学子，有更多新颖有趣的学习体验，我们还结合了AR技术，研发出“AR爆趣大语文”APP。同学们通过APP扫描AR图片，便可以看到3D版的历史人物、经典故事动画。扫描不同的AR图片，还可以收集到同一角色的多种皮肤，开启人物图鉴。同时，通过APP，还可以学习到诗歌朗诵，收看您所喜爱的大语文频道，参与大语文的线下活动。

何铭杰

2018年4月17日

目 录

壹 · 宋代文学

贰 · 外国文学

叁·新派作文

壹・宋代文学

第 1 讲　李煜

知识背景

李煜，世称李后主，中国词史上承前启后的重要词人，被后人尊为“词中之帝”。作为南唐亡国之君，李煜虽然政治才能平庸，但却有着极高的文学艺术造诣，尤其以词的成就最高。虽然流传至今的词作只有三十余首，但首首脍炙人口，《虞美人》《浪淘沙》《乌夜啼》等堪称千古绝唱。李煜继承了晚唐以来花间派词人的传统，扩大了词的表现意境，为宋词的辉煌奠定了基础。

李煜的词作《相见欢·无言独上西楼》被选入人教版八年级下册语文教材和苏教版九年级上册语文教材。

重点难点

1. 掌握与李煜相关的基本文学知识。
2. 了解李煜的生平及其在词的发展史上的地位。
3. 理解赏析词作《虞美人·春花秋月何时了》的思想感情。

著作推荐

1. 诗词推荐：李煜《相见欢》两首。
2. 书目推荐：《南唐后主李煜传》，杨军著，吉林人民出版社。

人物名片

李煜（937 年—978 年）

原名李从嘉，字重光，号钟隐，五代十国时南唐国君，史称李后主。宋开宝八年（975年），宋军攻破南唐都城，李煜被俘至汴京，相传因作感怀故国的名词《虞美人》而被宋太宗赐死。

代表作有《虞美人·春花秋月何时了》《相见欢·无言独上西楼》《相见欢·林花谢了春红》《浪淘沙·帘外雨潺潺》。

937年	出生	李从嘉出生，目有重瞳，方士断言“天生异象，日后必登大宝”。
959年	22岁	被封为吴王。
961年	24岁	李璟迁都洪州（今南昌）避难，李从嘉被立太子监国，留守金陵。
961年	24岁	李从嘉登上皇位，更名为“李煜”，受万人景仰。
976年	39岁	北宋军队攻陷南唐都城金陵，李煜被俘至京师，封“违命侯”。
978年	41岁	李煜去世，据说宋太宗以李煜词中有复国之心为由，用毒药将其赐死。

课前漫画

李煜作为南唐后主，一直对逐渐崛起的宋国采取纳贡求和的策略，没想到宋太祖赵匡胤不满足一方割据，南唐最终覆亡。

知识链接

李煜词中的“故国”

李煜在绝命词《虞美人》中感慨“故国不堪回首月明中”，这个“故国”就是他曾经身为一国之君的南唐，也是他词作中最重要的意象。在中国词史上，李煜的生平是特殊的，因为他出生皇家、做过帝王；而在中国古代的帝王里，他的经历也与众不同，因为他是亡国君，做过阶下囚。大起大落的经历让李煜有了常人不可能有的深刻体悟，那就让我们走进李煜词中的“故国”，走进李煜的传奇人生吧！

以南唐亡国为界，李煜前期的作品多数是宫廷享乐与风花雪月的内容，词风奢靡，接近晚唐“花间词派”的风格，这与南唐王朝的富庶关系密切。南唐是五代十国时期割据江南地区的政权，三代帝王都实行保境安民的政策，与民休息，不贪边功，南唐的经济因此得以迅速发展，这也使南唐成为五代乱世中难得的温柔富贵乡。李煜生活在南唐这样安逸的环境之中，前期作品词风自然偏向浓丽。

除了经济富庶之外，南唐的文化环境也得天独厚。当时北方战火连天，而江南相对和平的环境吸引了大批北方士人，许多流落至此的文人都大展奇才，江南地区的文化因此繁荣。李煜之前的冯延巳、中主李璟等都是成就卓著的词人，李煜的文学成就与南唐的人文环境是分不开的。

持续半个世纪的五代十国混乱局面，最终由赵匡胤终结了，南唐在全国统一的大势下覆灭。李煜不再是君王了，但依旧是词人，而且从文学的角度看，亡国成就了他的词坛地位。这一时期的词，达到了李煜创作的最高成就，由前期描写的奢侈宫廷生活，转变为深沉的亡国之痛、故国之思，词的题材与意境由此扩大，为后世的词作产生了深远影响。

李煜的故国不在了，但对故国无限江山的忧思以词的形式永远流传下来。南唐苦心经营的江南地区成为宋朝重要的钱仓、粮仓，而李煜本人也为

宋词的繁荣起到了承前启后的作用，是宋代词坛的“精神导师”。李煜的故国之思超越了一己之悲慨，直达人类共同的精神实质，千百年来获得广泛的共鸣。同学们在阅读李煜作品的时候，有没有被李煜深沉的故国之思感染呢？

每课金句

词至李后主，而眼界始大，感慨遂深，遂变伶工之词而为士大夫之词。

——王国维

作品赏析

这首绝命词《虞美人》是李煜在被俘两年后写的，当时的李煜“名为王侯，实为阶下囚”，曾经养尊处优、万人景仰的一国之君，如今落得个国破家亡的下场，心理上的打击使得李煜将自己的满腔愁绪寄托至自己的词曲之中。

虞美人①

【南唐】李煜

春花秋月何时了②，往事知多少？
小楼昨夜又东风，故国不堪回首月明中。

---

①虞美人：词牌名。据说与美人虞姬有关。楚汉相争之时，霸王项羽兵败乌江，自知难以突破重围，不忍心妻子虞姬与自己同死，就让她另寻生路。但忠贞刚烈的虞姬决意与霸王生死相随，自刎而死。后来经她血染之地长出了一种颜色鲜艳的花朵，人们称其为“虞美人”。

②了：了结，完结。

雕栏玉砌[1]应犹[2]在，只是朱颜改[3]。
问君能有几多愁？恰似一江春水向东流。

【阅读理解】

1. 给下列加点字注音。

虞美人（　　）　不堪（　　）　雕栏玉砌（　　）　李煜（　　）

2. 崔护《题都城南庄》中“人面不知何处去，桃花依旧笑春风”两句写出了桃花依旧，但人面不见，人去楼空的物是人非的情景。李煜的《虞美人》中，也有两句写出了这样的物是人非之感，这两句是“________________________，________________________”，由此勾起作者无穷幽怨之情。

3. 词的上阕一共写了哪些意象？这些意象的特点是什么？作者通过这些意象的描写抒发了什么思想感情？这是什么写法？

____

____

____

4. “问君能有几多愁？恰似一江春水向东流。”运用了什么修辞手法？有何作用？

____

____

____

5. 这首词表达了作者怎样的思想感情？

____

____

---

①雕栏玉砌：指远在金陵的南唐故宫。雕，雕花的。砌，台阶。
②犹：仍，还。
③朱颜改：指所怀念的人已衰老。

【赏　析】

“问君能有几多愁？恰似一江春水向东流”一句，可以说集中体现了李煜词作的精华。把无限的愁思比喻为绵绵不绝的江水，含蓄婉转地表达了深重的亡国之恨。“春水”实际就是春天的江水，是非常美好的事物。那词人为什么要用这代表着美好春色的“春水”比喻愁思呢？实际这与古人的“伤春”传统有关。

古人为什么常有“伤春”之情呢？我们都知道，春天是一年的开始，是一年中最美好的季节。在通信非常不发达的古代，人们往往会在这个美好的季节思念远方的亲友，同时感叹时光的飞逝。春天虽好，却不能与亲人团聚，更不能长久地保持这番美景，多愁善感的诗人、词人们当然就会产生“伤春”之情了。

像李煜这样以春水喻愁的诗人、词人还有很多。比如秦观的“便作春江都是泪，流不尽，许多愁”，满满的春江原来全部是由泪水组成的，可见这份忧愁是多么的浓厚。

汉字大变脸

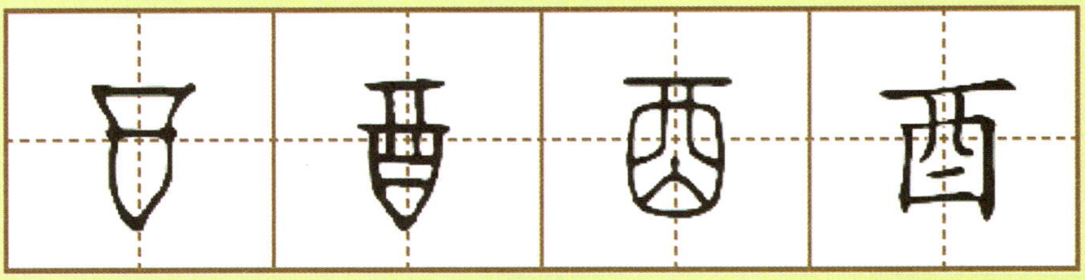

甲骨文　　金文　　小篆　　楷体

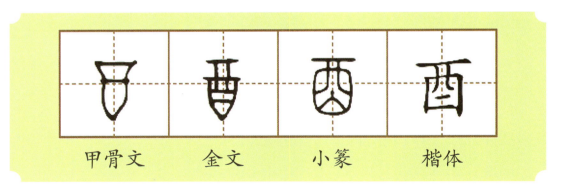

甲骨文的“酉”字，像一个酒坛，表示装酒的器皿。因此含有“酉”的字多与酒或发酵有关，如“醉”“醒”“酿”等。

拓展阅读

避尊者讳

南唐（937年—975年）是五代十国的十国之一，定都金陵（今江苏南京），历时三十九年，共有先主李昪、中主李璟和后主李煜三位帝王。这祖孙三人，有一个共同特点，就是他们都是文艺青年，有共同的爱好，就是不爱皇权爱文学，不爱江山爱美人。更为奇特的是，这祖孙三代君主在登上帝位之时都不约而同地改了名字，且改得竟是如此一致——每个人名字里面都有一个“日”字。

前主，李知浩，登基后改名李昪（biàn）；

中主，李景通，即位后改名李璟（jǐng）；

后主，李从嘉，即位后改名李煜。

据考察，这种君主即位后全部改名的现象在历代王朝中也是鲜见的，究竟是什么原因让这祖孙三代如此一致地更名呢？答案众说纷纭，但最具说服力的还是避讳一说了。

何为“避讳”呢？避讳是中国历史上早有的一个规矩，它要求人们在说话和书写时，遇到君主、父亲、兄长等人的名字一律要回避，否则会被认为是极不尊敬的。当然取名时也不能取他们的名字中有的或同音的字。人们若不小心犯了君主的名讳，那可是要杀头的。避讳的主要方法便是用音近、形近或意义相近的字来代替，如我们现在熟知的“嫦娥”，就是为了避汉文帝刘恒的讳，由“姮娥”改过来的（因为“恒”与“姮”同音）。

所以，如果君主起了个很普通的名，百姓一不经意就说出来了，那岂不是天天有人因此掉脑袋？于是有些君主体恤百姓，便在登基之后主动将自己的名字改成比较生僻的字眼。比如汉宣帝刘询，原名刘病已，考虑到“病”字是老百姓常用的字，不易避讳，就主动将自己的名改成了“询”。上面我们说的李煜祖孙三代，也无一不是将原名中的常用字改成了生僻字。在当时

那个“只许州官放火，不许百姓点灯”的社会里，他们能如此怜惜百姓，实在难得。怪不得在南唐即将灭亡之际，北宋军队围困金陵城数日，城内竟无一人投降，可见百姓对李氏政权的拥护。

第 2 讲 柳 永

知识背景

柳永是北宋著名词人，婉约派代表人物。他是第一位对宋词进行全面革新的词人。柳永大力创作慢词，从根本上改变了唐五代以来词坛上小令一统天下的格局，同时也是两宋词坛上创用词调最多的词人。他的词作语言通俗，音韵谐婉，雅俗并陈，流传极广，人称“凡有井水处，皆能歌柳词”，作品风格对后期苏轼、秦观、周邦彦等创作影响深远。

柳永的很多作品被选入中学教材：《雨霖铃 · 寒蝉凄切》被选入人教版高中语文必修四和苏教版高中语文必修四；《望海潮 · 东南形胜》被选入人教版高中语文必修四。

重点难点

1. 了解柳永生平经历及对其作品风格的影响。
2. 了解柳永在北宋词坛的地位。
3. 赏析《雨霖铃》，感受凄婉动人的离别之情。

著作推荐

1. 诗词推荐：柳永《蝶恋花 · 伫倚危楼风细细》《望海潮 · 东南形胜》。
2. 视频推荐：《唐宋词十八讲 · 柳永》，主讲人曾大兴，2014年。

人物名片

柳永（约984年—约1053年）

原名三变，字景庄，福建崇安人。柳永出身官宦世家，少时学习诗词，有功名用世之志。在饱受世态炎凉后，“怪胆狂情”逐渐消退，改名柳永，字耆卿。因排行第七，又称柳七。因官至屯田员外郎，世称柳屯田、柳郎中。北宋著名词人，婉约派代表人物。自称“奉旨填词柳三变”，自封“白衣卿相”，被誉为“才子词人”。

代表作：《雨霖铃》《蝶恋花》《望海潮》等。

984年	出生	柳永出生于官宦世家，祖父和父亲都曾在地方任官。
1002年	18岁	计划去汴京参加科举考试路过杭州，写下《望海潮》。
1009年	25岁	科举落第，愤然写下“忍把浮名，换了浅斟低唱”，为日后埋下祸患。
1024年	40岁	第四次科举考试终于榜上有名，却不予录用，写下《雨霖铃》。
1034年	50岁	因恩科终中进士。
1053年	69岁	在贫苦中去世，旧时相识歌女凑钱将其安葬。

课前漫画

看到“三秋桂子，十里荷花”的词句，你的脑海里是否也浮现出一片美景呢？据传金主完颜亮就是读到柳永这句词时决意南下攻宋的。

知识链接

奉旨填词柳三变

柳永原名叫柳三变，出生在一个官宦家庭。他的父亲、叔叔、哥哥都是进士，连儿子和侄子也是。虽然柳三变最终也进士及第，但却在科举的道路上走得相当坎坷。

柳三变年少的时候读书倒也非常勤奋，立志长大后也要像自己的父亲那样做个大官。在他19岁的时候，柳三变做出了人生的第一个重大决定：去汴京，考取功名。他刚到了汴京，乍一见首都的繁华，柳三变觉得大开眼界，决心玩个痛快，结果天天在秦楼楚馆流连忘返。大中祥符二年（1009年），春闱就要开始了，柳三变踌躇满志，准备在考场大展身手。然而没想到，皇帝认为他“属辞浮靡”，没有录取他。

落榜后，失落的柳三变写下了名作《鹤冲天》，宣称“忍把浮名，换了浅斟低唱”。柳三变认为，如果可以全身心地填词唱曲，还要什么功名利禄啊！几年后，当柳三变再次科考，好不容易斩关夺隘，到了放榜之时，宋仁宗记起了他“忍把浮名，换了浅斟低唱”一句，于是拒绝录用本来已经通过的柳三变，并批示：“且去浅斟低唱，何要浮名？”看来皇帝是真生气了，你柳三变去喝酒唱歌吧，要功名干吗？

柳三变倒也豁达，索性自嘲为“奉旨填词柳三变”，还自己给自己封了个“白衣卿相”的大官，从此更肆无忌惮地混迹于歌舞酒楼之间，以替歌女填词为生。这个“不务正业”的柳三变倒是才华横溢，他的词个性鲜明、境界开阔，广泛传播。据说当时有“凡有井水处，皆能歌柳词”这样的说法，意思是说，凡有井的地方，一定就有人居住，凡有人居住的地方，人们都能唱柳三变的诗词。

难道柳三变真的看淡功名利禄了吗？当然不是！景祐元年（1034年），宋仁宗特开恩科，对历届考场没有考上的士人放松门槛。柳三变也想参加，可是，皇帝还记得当年他的狂妄自大呢，这么坏的印象可不能保证考得上啊！为了争取美好的前途，柳三变决定把自己的名字改成“柳永”，他是想通过改名字的方式告诉人们“我柳永要开始新的生活啦”。终于这次（也就是第四次科举考试）考中进士。此时的柳永虽然已经是个50多岁的老头子了，但还是禁不住乐开了花。

柳永一生虽然没做什么大官，社会地位卑微，与之相交的也都是处于社会底层的青楼歌女，但是他对宋词的内容、形式等进行了改革，促进了宋词的发展，为中国文学发展做出了巨大贡献。

每课金句

学诗当学杜诗，学词当学柳词，杜诗、柳词皆无表德，只是实说。

——项平斋

作品赏析

《雨霖铃》是宋词的经典之作，也是古代文学中送别题材的名篇。此词作于柳永仕途失意，即将离开汴京前往浙江之时。

雨霖铃①

【宋】柳永

寒蝉凄切②，对长亭晚，骤雨初歇。都门帐饮无绪③，留恋处，兰舟④催发。执手相看泪眼，竟无语凝噎⑤。念去去，千里烟波，暮霭沉沉楚天⑥阔。

多情自古伤离别，更那堪冷落清秋节！今宵酒醒何处？杨柳岸、晓风残月。此去经年⑦，应是良辰好景虚设。便纵有千种风情，更与何人说？

【阅读理解】

1. 给下列加点字注音。

雨霖铃（　　）　　凝噎（　　）（　　）

暮霭（　　）　　良辰好景（　　）

---

①《雨霖铃》这个词牌名源于唐玄宗与杨贵妃的故事。安史之乱爆发后，唐玄宗率众人仓皇出逃，杨贵妃死于途中。在平定叛乱之后的一个霖雨绵绵之夜，玄宗车行于蜀中栈道之上，马铃声伴随着潇潇雨声，更添寥落与凄凉。此时的玄宗想起杨贵妃，不禁悲从中来，说出“雨淋铃”三字，后来他命教坊作《雨霖铃》曲，从此流传于世。

②寒蝉凄切：天冷了，知了发出了凄惨而低沉的声音。寒蝉：冷天里的知了。

③都（dū）门帐饮：在京都郊外搭起帐幕设宴饯行。无绪：没有兴致，无精打采。

④兰舟：据《述异记》记载，鲁班曾刻木兰树为舟。后用作船的美称。

⑤凝噎（yē）：悲痛气塞，说不出话来。

⑥暮霭（ǎi）：傍晚的云气。沉沉：深厚的样子。楚天：南天。古时长江中下游地区属楚国，故称“楚天”。

⑦经年：一年又一年。

2. 解释下列词语。

（1）凝噎：________　　（2）经年：________

3. 将下列句子补充完整。

《雨霖铃》中的“________，________”这两句写临别之际，一对恋人泪眼蒙胧，该有的千言万语要倾诉、叮嘱，因为气结声阻，却连一句话也说不出来。

4. 对比柳永的《雨霖铃》与李白的《赠汪伦》，说说它们之间的异同。

____

____

5. 你有过印象深刻的离别经历吗？讲给大家听听。

____

____

____

【赏　析】

“送别”是古诗词中常有的题材，但各家笔下的送别场景又有所不同。柳永在这里是如何描写这个“送别”场景的呢。首先，他通过详细的环境描写渲染了一个伤感的送别氛围。“寒蝉”发出的声音凄惨、悲切，骤雨刚停后的空气仍然十分潮湿，笼罩在落日残阳里的长亭更是别有一番凄凉。这样的离别气氛让本来就多愁善感的词人，更加体会到离别之悲。

除了环境描写外，柳永对当时的送别场景也刻画得细致入微。词人与好友在长亭把酒赠别，想要再说些叮嘱的话，却因太过伤感一句话也说不出来。四目相对，噙满泪水的眼睛使一切的叮咛嘱托尽在不言中。远处催促出发的船儿更从侧面给这份离别增添了几丝难舍难分的情绪。

汉字大变脸

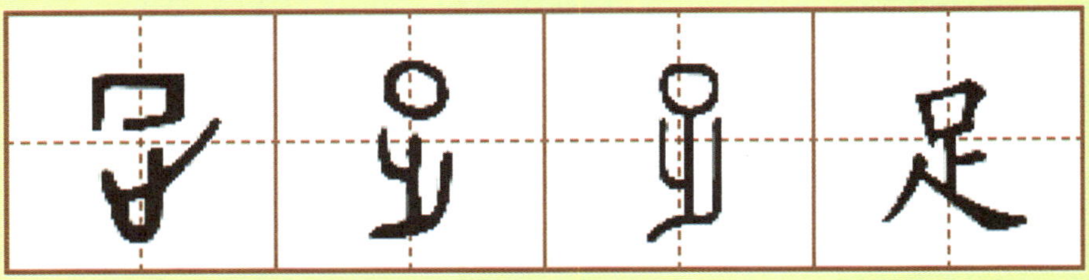

甲骨文　　金文　　小篆　　楷体

甲骨文的“足”字，上面的“”像膝盖，下面的“”像脚。“足”字做偏旁部首时写作“▲”，含有“▲”的字通常与脚有关，如“跳”“跃”“蹦”等。

拓展阅读

古人的送别习俗

离别是人的一生中难免要经历的，对于今天的人们来讲，离与别是再寻常不过的事情了。

为了读书、工作、旅游都会远行，而送别的人们也习惯了简单地挥手、目送。然而送别对于古人来说却是一种重要的仪式，送别的地点一般是固定场所，而送别的方式可以多种多样。

因为古人出远门是走陆路或水路，因而送别的地点一般选在陆路的长亭或短亭，水路的渡口。“长亭”是我国古典文学里经常出现的送别意象，最早出自“何处是归程，长亭更短亭”一句（唐代李白的《菩萨蛮》）。歌曲《送别》中唱道“长亭外，古道边，芳草碧连天”，正是体现了对“长亭送别”这一传统习俗的继承。古诗词中的渡口送别，地点多为渭阳、南浦。“渭阳”即渭水之南，《诗经 · 秦风 · 渭阳》中“我送舅氏，曰至渭阳”是最早的渡口送别诗句；另一渡口送别地点南浦在屈原《九歌 · 河伯》中出现：“子交手兮东行，送美人兮南浦”。南浦与渭阳从此成为渡口送别的代称。

古人送别的方式往往有三种，分别是折柳送别、音乐相送和饮酒饯别。古人视柳树为驱鬼辟邪的“鬼怖木”，行人带上它便可以保一路平安。此外，“柳”与“留”谐音，可以借此表达依依惜别之情。音乐相送和饮酒饯别多为唐代文人的送别方式，如李白《赠汪伦》中的“李白乘舟将欲行，忽闻岸上踏歌声”，王维《送元二使安西》中的“劝君更尽一杯酒，西出阳关无故人”等。

此外，我国是多民族国家，各个民族也都有自己的送别习俗。例如：蒙古族的姑娘在出嫁之前，娘家人必须煮羊胸脯肉给姑娘吃，以此表示送别；藏族同胞也很热情，他们送别亲友，常敬青稞酒，唱酒歌，并把哈达挂在亲友的脖子上，然后相互亲切地碰额、亲脸，以示良好的祝愿；土族人在送别客人时，主人要在门口向客人敬三杯酒，叫作“上马三杯酒”，若客必不能喝酒，只要用中指蘸酒三滴，对空弹三下，稍稍喝一点即可。

第3讲 范仲淹

知识背景

范仲淹是北宋杰出的政治家、军事家、文学家。政治上，范仲淹主持了庆历新政，践行了以民为本的政治主张；军事上，他曾多次带兵守卫西北战线，抗击西夏；文学上，他坚持古文革新，诗、词、散文都意境阔大，沉雄豪放，一扫文坛的靡丽之风，尤其是他的词作，成为后来苏辛豪放词的先驱。他的文风以庆历改革为分界线，前期以忠君济民为主，后期以归隐闲居为主，但以天下为己任的情怀贯穿始终。

范仲淹的很多作品都被选入了初中语文教材：《岳阳楼记》被选入人教版八年级下册和苏教版九年级上册；《渔家傲》被选入苏教版八年级下册和人教版九年级上册。

重点难点

1. 掌握与范仲淹相关的基本文学知识。
2. 了解范仲淹生平经历，体会他忧国忧民的政治思想和建功立业的政治抱负。
3. 赏析《渔家傲》，体会词中戍边战士厌战思归的心情。

著作推荐

1. 篇目推荐：范仲淹《苏幕遮》《岳阳楼记》。
2. 书目推荐：《一个永恒的范仲淹》，梁衡著，选自《梁衡散文集》，长江文艺出版社。

人物名片

范仲淹（989 年—1052 年）

字希文，谥号文正，世称“范文正公”，后追封“楚国公”。北宋著名政治家、军事家、文学家。豪放词派的先驱，有《范文正公文集》传世。范仲淹政绩卓著，文学成就突出。他倡导的“先天下之忧而忧，后天下之乐而乐”思想和仁人志士节操，对后世影响深远。

范仲淹的代表作品有散文《岳阳楼记》，词作《苏幕遮 · 怀旧》《渔家傲 · 秋思》等。

989年	出生	生于官宦世家。3岁时，父死随母嫁，改名朱说。
1015年	26岁	进士及第，接母亲安享晚年，并改回原名。
1024年	35岁	当兴化县令，为百姓筑海堤，后人称“范公堤”。
1042年	53岁	带兵六千，将西夏赶出边塞。
1043年	54岁	任参知政事，推行新政，不久受挫，被贬出京。
1052年	63岁	带病赴任，病逝途中。

课前漫画

俗话说“靠天吃饭”，但老百姓遭遇蝗灾，老天爷不肯赏饭吃了，这日子是没法儿过的。远在朝堂的皇帝锦衣玉食，不知人间疾苦，范仲淹挺身而出，为百姓做了好事。

知识链接

划粥割齑（jī）的故事

范仲淹不到3岁时父亲就因病去世了，母亲谢氏贫困无依，只好带着他改嫁到一户姓朱的人家。朱家是长山的富户，但为了励志，范仲淹常去附近长白山上的醴（lǐ）泉寺寄宿读书。那时，他的生活极其艰苦，每天只煮一锅稠粥，凉了以后划成四块，早晚各取两块，拌几根腌菜，调半碟醋汁，吃完继续读书。“划粥割齑”的佳话也就来源于此。范仲淹对这种清苦生活毫不介意，并用全部精力在书中寻找着自己的乐趣。

这样过了近三年，长山乡的书籍已渐渐不能满足范仲淹的需要了，他只身来到应天府书院求学。当时，范仲淹有一位朋友，家境殷实，平时很欣赏范仲淹卓越的才华，经常来拜访他。一次，他无意中发现范仲淹每天只吃白粥过活，于心不忍，就想拿出钱来帮助他改善生活，但被范仲淹拒绝了。这位朋友还不死心，第二天送来很多美味佳肴，范仲淹只好接受。

过了几天，这位朋友又来拜访，却吃惊地发现他上次送来的食物范仲淹一点儿都没动，有些已经发霉了。他十分生气地责备范仲淹：“你太清高了，这样糟蹋我对你的心意！”范仲淹淡淡地笑了笑，说：“你误解我了，你的心意我怎能不知道呢？我不是不吃，而是不敢吃。我担心自己吃了美味的鱼肉之后，就咽不下平淡的白粥了。”朋友听了他的话，被他甘于吃苦的精神所感动，更加敬佩他了。

少年老成的范仲淹，已经懂得安贫乐道的道理，在艰苦至极的环境中刻苦攻读，锤炼意志，以造福天下为己任，这为他后来的非凡人生奠定了重要基石。入朝为官的范仲淹依然不忘兼济天下的初心，写下了“先天下之忧而忧，后天下之乐而乐”的千古名句。在生活上，以身作则，勤俭节约，甚至他去世的时候都没有新衣入殓；在朝堂上，为政清廉，推行改革，为天下的百姓请命；被贬出京，也依然旷达自若，胸怀天下，忧国忧民。这些都离不

开他少年时苦难的磨砺，最终成就了一个屹立于天地间的范仲淹。

每课金句

先天下之忧而忧，后天下之乐而乐。

——范仲淹《岳阳楼记》

作品赏析

宋仁宗年间，西夏经常侵扰北宋西北边境，范仲淹曾守边四年。这首《渔家傲·秋思》，题名为“秋思”，是他在边塞军中所作，既表现了将士们保卫家邦的英雄气概，也抒发了他们思念家乡的凄苦心情。

渔家傲

【宋】范仲淹

塞下秋来风景异，衡阳雁去无留意。四面边声连角①起，千嶂②里，长烟落日孤城闭。

浊酒一杯家万里，燕然未勒③归无计。羌管④悠悠霜满地，人不寐，将军白发征夫泪。

---

①边声：边境特有的风声，乐声和马嘶声等。角：军中的号角。

②千嶂：崇山峻岭。

③燕（yān）然未勒：指边患未平、功业未成。燕然：山名，即今蒙古境内的杭爱山。勒：刻石记功。据《后汉书·窦宪传》记载，东汉窦宪追击北匈奴，出塞三千余里，至燕然山刻石记功而还。

④羌（qiāng）管：羌笛。羌族乐器的一种。

【阅读理解】

1. 给下列加点字注音。

浊酒（　　）　燕然未勒（　　）　羌管（　　）　人不寐（　　）

2. 词中写士兵戍边艰辛以及有家难回的句子是：____________________，____________________。

3. “塞下秋来风景异”中的“异”在何处？

4. 请用自己的话描绘“千嶂里，长烟落日孤城闭”的画面。

5. 全词抒发了作者怎样的思想感情？

【赏　析】

衡阳，地处南岳衡山之南，古代山南水北称为“阳”，故此得名。衡阳又称“雁城”。北方的大雁在秋天到来时因惧怕寒冷，便成群结队地南迁，据说它们飞到衡阳城南的回雁峰就会停下来歇息，还经常聚集在峰下的湘江滩岸上，形成了潇湘八景之一的“平沙落雁”。

今回雁峰石刻记载：有一年冬天，一群大雁栖息在回雁峰，一只雄雁被当地猎人射死，雌雁悲愤之下也撞死在山头。因此，这群大雁一直到冬天过完都不肯飞走，整日在城市上空哀鸣。凄厉的叫声扰得百姓人心惶惶，但也没人知道是怎么回事。于是县令就贴榜悬赏，寻找解决方案。回雁峰下的一个老人听出了大雁叫声中的悲凉，就去它们经常栖息的地方走访猎户，找到了猎雁之人。县令得知后，惩罚了猎人，并颁布法令不准射杀大雁，还在山上雕筑大雁像并焚香三日超度，雁群才肯离开。此后，每年北雁南飞，到达回雁峰时，都仿佛听到那双死去大雁的哀鸣，便不再南飞而停留在山上过冬。

不少文人墨客都留下过有关“衡阳雁”的诗文，除了本课中学的这句之外，王勃的《滕王阁序》中也有“雁阵惊寒，声断衡阳之浦”之语。

北宋的戍边将士，终年累月，转战在荒漠边疆，塞外风光有雄奇壮丽之处，但也有着连大雁也无法忍受的凄楚荒芜。满怀家国情结的范仲淹身处军中，在萧瑟的塞外秋景和紧张的战局中，感受到了将士们思念家乡又渴望建功立业的复杂心绪，倾注笔尖，写下了让人读来不胜苍凉悲壮、堪称千古戍边之作。

汉字大变脸

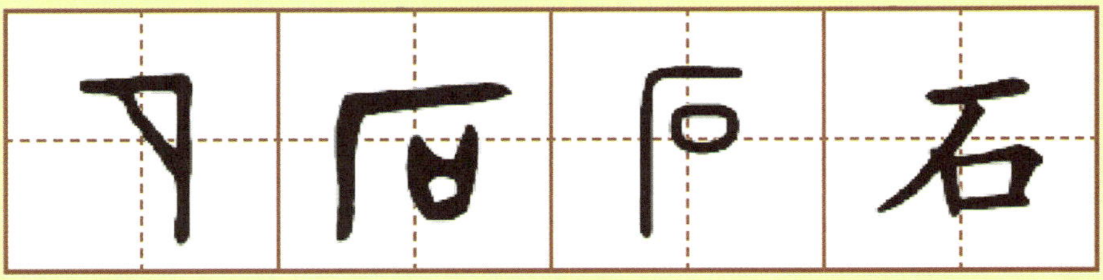

甲骨文　　金文　　小篆　　楷体

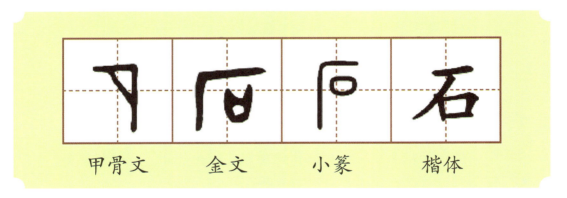

甲骨文的“石”字，好像石块的样子，因此含有“石”的字通常与石头有关，如“矿”“岩”“硐”等。

拓展阅读

江南三大名楼

楼阁是我国古代的一种传统建筑，一般临水而建，湖光山色交相辉映，景色甚美。文人雅士们在这里会聚，吟诗作对，然后在墙壁上题诗作赋，比起现在游客的“某某到此一游”别有一番风味。古代的许多名篇都是在这里产生的，这些楼阁也因这些文章而声名远扬。比较有代表性的就是被称为江南三大名楼的滕王阁、黄鹤楼和岳阳楼。

提起江西南昌的滕王阁，人们脑海中不禁会浮现“落霞与孤鹜齐飞，秋水共长天一色”的美景。据说，初唐诗人王勃探亲路过南昌时，正赶上阎都督重修滕王阁正在大宴宾客。本来阎都督是想让自己的女婿大展才华，假意相让时，没想到王勃不加推辞，当场写下千古名篇《滕王阁序》。从此，序以阁而闻名，阁以序而著称。

关于湖北武汉的黄鹤楼，历史上也有一个很有趣的传说。有一个姓辛的人家，在黄鹄矶上开了一家小酒馆，生意很好。一次，一个衣衫褴褛的道士前来饮酒，店家见他可怜，酒钱就分文不收，连续几天都是如此。一天，道士酒后用橘皮在墙上画了一只黄鹤，双手一拍，黄鹤竟跳到桌旁翩翩起舞，引得众人围观。这件奇事一传十、十传百，来这里饮酒观鹤的人越来越多，店家的生意也越来越好。如此过了十多年，辛氏积累了很多财富。为了感谢道士和黄鹤，他就用十年的积蓄在黄鹄矶上修建了一座楼阁。起初人们称之为“辛氏楼”，后来便称为“黄鹤楼”。古往今来的文人墨客在黄鹤楼留下了不少名篇，唐代诗人崔颢的七律《黄鹤楼》，李白的《送孟浩然之广陵》都历来为人们所称道。

而洞庭湖岸的岳阳楼之所以如此著名，主要归功于一篇脍炙人口的散文——《岳阳楼记》，它的作者就是我们本课所学的范仲淹。如果你感兴趣的话，不妨找来读一读吧！

第 4 讲 苏轼（上）

知识背景

苏轼是宋代文学最高成就的代表，他在诗、词、散文、书、画等方面的造诣均达到了令人难以企及的高度。其诗歌题材广阔，清新豪健，独具风格，与黄庭坚并称“苏黄”；其词开豪放一派，开创了不同于婉约派的新词风，与辛弃疾并称“苏辛”；其散文著述丰富，豪放自如，议论精辟，与欧阳修并称“欧苏”，是“唐宋八大家”之一。

苏轼有很多作品被选入小学语文教材：《饮湖上初晴后雨》被选入人教版三年级上册和北师大版五年级上册；《题西林壁》被选入人教版四年级上册和北师大版五年级下册；《浣溪沙》被选入人教版六年级下册；《赠刘景文》被选入人教版二年级上册。

重点难点

1. 了解苏轼在文学史上的地位。
2. 熟悉苏轼前期的生平事迹。
3. 赏析《水调歌头》，感受苏轼复杂的心境和乐观的精神。

著作推荐

1. 作品推荐：苏轼《赤壁赋》《定风波·莫听穿林打叶声》《和子由渑池怀旧》。
2. 影视推荐：康震《百家讲坛·苏轼》。

人物名片

苏轼（1037 年—1101 年）

字子瞻，号东坡居士，四川眉州人。北宋著名文学家、书法家、画家。“唐宋八大家”之一，“书法宋四家”之一，宋词豪放派的开创者，作品大气磅礴，乐观豁达。苏轼一生仕途坎坷，不断被贬，北归时病逝，宋高宗时追赠太师，谥号“文忠”。

代表作有词作《水调歌头》《江城子·十年生死两茫茫》，诗作《饮湖上初晴后雨》《题西林壁》等。

1037年	出生	苏轼出生于四川眉山的书香世家。
1057年	20岁	进京考试，策论《刑赏忠厚之至论》被欧阳修赞许，轰动京城。
1061年	24岁	苏轼应中制科考试，为“百年第一”，授大理评事。
1066年	29岁	苏洵去世，苏轼、苏辙兄弟扶柩还乡，守孝三年。
1069年	32岁	苏轼还朝，王安石变法开始，苏轼众多师友被迫离京。
1079年	42岁	苏轼遭遇乌台诗案，险些被杀，出狱后被贬黄州。

课前漫画

苏轼被卷入乌台诗案，差点丢掉性命，估计当苏轼看到那条红烧鱼的时候也是惊出了一身冷汗吧。

知识链接

三　苏

在群星璀璨的中国古代文坛，英才辈出，各领风骚数百年。然而，却少有父子三人均能在文学史上占据一席之地的。苏轼与其父亲苏洵、弟弟苏辙三人却做到了。

《三字经》里“苏老泉，二十七。始发愤，读书籍”说的便是苏轼的父亲苏洵的故事。苏轼的父亲苏洵发愤虽晚，但用功甚勤，最终在散文上的成就与两个儿子齐名。据说当年父子三人同场参加礼部的考试，主考官是欧阳修，他看到苏轼的文章，极为赞赏，本想列为第一名。但碰巧那年欧阳修的学生曾巩也参加了这次考试，欧阳修以为这篇内容风格俱美的文章必然是他的学生曾巩写的。为了避免招人批评，他把本来列为首卷的这篇文章，改列为二卷。结果苏轼那次考试便名列第二，成为进士。与此同时，苏轼的弟弟苏辙也在这次考试中名列前茅，父亲却名落孙山了。但不论科举考试成绩如何，“三苏”后来都成了北宋重要的文学力量，均为“唐宋八大家”，为宋代古文运动的振兴做出了巨大贡献。苏轼诗词文成就最高，有作品集《东坡乐府》；苏辙擅长散文创作，有作品集《栾城集》留世；其父苏洵同样擅长散文，尤其是政论文写得酣畅淋漓，著有《嘉祐集》。

除了三苏以外，曹操父子三人（曹操、曹丕、曹植）也因为文才出众，被后世称为“三曹”，此亦是一段佳话。

每课金句

汉魏以来，二千余年间，以诗名其家者众矣。顾所号为仙才者，唯曹子建、李太白、苏子瞻三人而已。

——王士祯

作品赏析

《水调歌头》这首词是苏轼在中秋节所作，他与弟弟苏辙已经七年未见，举头望一轮明月，不禁思念亲人，于是趁酒性写下了这首脍炙人口的词作。

水调歌头

【北宋】苏轼

丙辰①中秋，欢饮达旦②，大醉，作此篇，兼怀子由③。

明月几时有？把酒问青天。不知天上宫阙，今夕是何年。我欲乘风归去，又恐琼楼玉宇④，高处不胜⑤寒。起舞弄清影⑥，何似⑦在人间。

转朱阁⑧，低绮户⑨，照无眠。不应有恨，何事长向别时圆？人有悲欢离合，月有阴晴圆缺，此事古难全。但

①丙辰：指公元1076年（宋神宗熙宁九年）。这一年苏轼在密州（今山东）任太守。

②达旦：到天亮。

③子由：苏轼的弟弟苏辙的字。

④琼（qióng）楼玉宇：美玉砌成的楼宇，指想象中的仙宫。

⑤不胜（shèng，旧时读shēng）：经受不住。胜：承担、承受。

⑥弄清影：意思是月光下的身影也跟着做出各种舞姿。弄：赏玩。

⑦何似：何如，哪里比得上。

⑧朱阁：朱红的华丽楼阁。

⑨绮户：雕饰华丽的门窗。

愿人长久，千里共婵娟[①]。

【阅读理解】

1. 给下列加点字注音。

   宫阙（　　　）　琼楼玉宇（　　　）　低绮户（　　　）　婵娟（　　　）

2. 按要求填写诗句。

   （1）体现出作者幻想和现实、出世和入世矛盾心情的句子是：________________________________。

   （2）化用“隔千里兮共明月”的句子是：________________________。

3. 词前小序有什么作用？

   ____

   ____

   ____

4. 找出《水调歌头》中蕴涵人生哲理的句子并说说其含义。

   ____

   ____

   ____

5. 找出《水调歌头》中表达美好祝愿的句子，这表现了作者怎样的人生态度？

   ____

   ____

   ____

①共：一起欣赏。婵娟：指月亮。

【赏　析】

《水调歌头·明月几时有》由问句“明月几时有，把酒问青天”领起全篇，下句仍用问句——“不知天上宫阙，今夕是何年”。前两句出自韦瓘《周秦行纪》中的诗句“共道人间惆怅事，不知今夕是何年”。两句词化用全无痕迹，浑然天成，只寥寥数十字便传神地勾画出一位饮者的粗犷形象。然后用一句“我欲乘风归去”引出下面几句对月宫生活图景的想象：想那月中嫦娥，居处纵然银造玉设也无法排遣人在高处不胜寒意的千年寂寞，哪里比得上红尘万丈、热闹喧嚣的人世间呢？词上片问月，下片怀人。“转朱阁，低绮户，照无眠”三个句子细致写出了月亮光与影的变幻。表面看来是对月的描摹，其实它与“不应有恨，何事长向别时圆”一样，看似写月，实则写人。月光照着无眠之人，无眠人惆怅满怀地注视着月影的移动，沉浸在对亲人的怀念之中。不着一字，却将伤怀念远的情绪抒发得淋漓尽致。接下来几句，词人跳出个人的愁绪来透视宇宙人生，写出了“人有悲欢离合，月有阴晴圆缺，此事古难全”这样精练概括又富有哲理意味的名句。

汉字大变脸

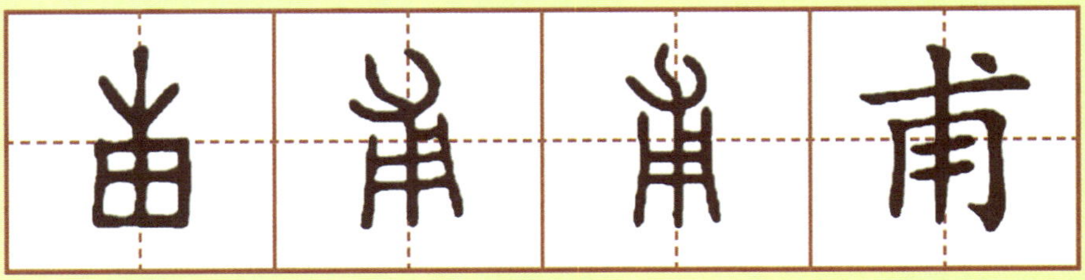

甲骨文　　金文　　小篆　　楷体

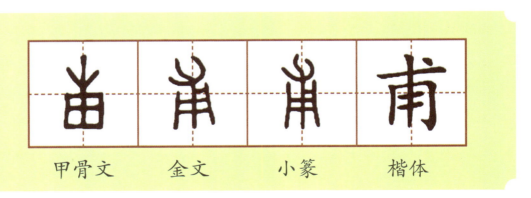

“甫”，象形字。甲骨文字形像田中有菜苗之形；金文变为从田父声的形声字。本义：苗。

拓展阅读

苏轼的感情经历

苏轼作为一位既有才华又有情趣的宋代大文豪，不仅他的日常生活丰富多彩，感情世界也非常人可比，他一生中有两妻一妾，分别是王弗、王闰之和侍妾王朝云。她们分别陪伴苏轼度过青年、中年和老年时期，堪称是苏轼生命中最重要的三位女性。

王弗是苏轼的第一任妻子，16岁时嫁给苏轼，与他生活了11年。王弗聪慧贤良、体贴丈夫，夫妻二人情深意笃，恩爱有加。苏轼会客时，她常在屏风后聆听，事后告诉苏轼她对某人的总结和看法，无不言中。有一天，一位客人走后，她对苏轼说：“这个人话持两端，他只是留心、迎合你的意思，你何必跟他多言？”还有一次，家里来了一位想要和苏轼亲厚的客人，王弗待客人走后，立即对丈夫劝诫：“这种友情恐怕不能长久，和人交往太过热情急切，将来抛弃友情也会很迅速！”后来果真如此。北宋治平二年（1065年）五月，苏东坡在京城任职期间，王弗不幸病逝，年仅27岁，临终留下一个6岁的儿子苏迈，苏轼悲痛欲绝。10年后的一天夜里，他忽然梦见回到眉山老家看见了王弗，醒来便作了《江城子》一词：“十年生死两茫茫，不思量，自难忘……”这一首千古爱情绝唱一直广为传诵，苏东坡写出夫妻生离死别的思念，令人动容。

王闰之是王弗的堂妹，于熙宁元年（1068年）嫁入苏家，与苏轼一起生活了25年。王闰之不及堂姐聪慧机敏，但她将全部精力投入到操持家务和抚养同父异母的3个儿子（长子苏迈为堂姐所生，迨、过则为己出）。闰之从10岁开始，就对这位常到王家来走动的堂姐夫有着深深的崇拜，更由于年龄的关系（她比苏轼小11岁），在她眼中，苏轼始终显得那样成熟老练，才气过人。闰之追随苏轼宦海浮沉，历尽苦难，两人相爱相伴25年后，她46岁时也病逝于京师，这对于苏轼又是一次莫大的打击，苏轼在其《祭亡妻同安郡君

文》中，表示了对她无限思念的悲伤。

王朝云本是风尘女子，12岁时被苏轼买作婢女，后来成为侍妾。王闰之死后，她不仅肩负起了家中女主人的责任，还在苏轼最艰难的岁月里一直陪伴左右，不离不弃，即使是王弗和王闰之也很难比拟。她不仅跟随苏轼谪居黄州，后来苏轼被贬惠州时，数妾皆先后离开，唯独朝云主动请求陪伴先生同去贬所。这对一个年老的人来说，是多大的精神安慰！朝云病故于惠州之后，苏轼写了为数不少的诗词文章来追悼这位红颜知己。可惜的是，她与苏轼共同生活了20多年，却一直没有妻子或夫人的名号，令人惋惜。

第 5 讲 苏轼（下）

知识背景

苏轼虽然在诗词文方面造诣都很高，但苏词的贡献超过了苏文和苏诗。苏轼继柳永之后，对词体进行全面改革，提出“诗词一体”和“自成一家”的词学观念，最终突破了词为“艳科”的传统格局，提高了词的文学地位，使词从音乐的附属品转变为一种独立的抒情诗体，从根本上改变了词史的发展方向。

苏轼有很多作品被选入初中语文教材：《水调歌头》被选入人教版八年级下册和苏教版七年级上册；《江城子·密州出猎》被选入人教版九年级上册和苏教版九年级下册。

重点难点

1. 了解苏轼后期的生平事迹及其对宋词的贡献。
2. 熟悉北宋党争史实，并了解在党争之下苏轼命运的起伏。
3. 赏析《念奴娇·赤壁怀古》，感受苏轼的旷达之心。

著作推荐

1. 作品推荐：苏轼《卜算子·黄州定慧院寓居作》《海棠》《惠崇春江晚景》
2. 影视推荐：电视剧《苏东坡》，陆毅、林心如主演。

人物名片

苏轼（1037 年—1101 年）

字子瞻，号东坡居士，四川眉州人。北宋著名文学家、书法家、画家。“唐宋八大家”之一，“书法宋四家”之一，宋词豪放派的开创者，作品大气磅礴，乐观豁达。苏轼一生仕途坎坷，不断被贬，北归时病逝，宋高宗时追赠太师，谥号“文忠”。

代表作有词作《念奴娇·赤壁怀古》，诗歌《六月二十七日望湖楼醉书》，散文《前赤壁赋》与《后赤壁赋》等。

1079年	42岁	苏轼被贬黄州团练副使，创作《前赤壁赋》、《后赤壁赋》和《赤壁怀古》。
1085年	48岁	被召回京，升翰林学士知制诰，达到事业巅峰。
1089年	52岁	在杭州担任龙图阁学士，修建苏堤。
1094年	57岁	新党执政，苏轼被贬广东惠州。
1097年	62岁	苏轼被贬到更为荒凉偏僻之地海南岛儋州。
1101年	64岁	北归途中病逝。

课前漫画

这幅漫画在玩笑之间道出了苏轼在朝堂上的真实状况，他对新党和旧党都有所不满，因此他在哪一方都不受待见，这才导致他终生仕途坎坷，被党争倾轧的可悲处境。

知识链接

苏轼与党争

苏轼作为宋代文坛成就最高的文人之一，他在诗、词、文、书法、绘画等方面都影响深远。然而就是这样一位文学大家，却不被朝廷重用，屡遭贬谪。究其缘由，皆与当时的“新旧党争”有关。

所谓“党争”，指的是宋神宗和宋哲宗年间王安石革新党与司马光保守党之间的斗争。宋神宗继位后，他很想有所作为，便擢用有志改革的王安石主持变法。苏轼自少年时就怀有报国的壮志，但他的改革思想同王安石的想法存在着分歧。苏轼为人坦率，不顾及神宗改革的兴头就指出诸多弊端，招致了王安石为首的新党和神宗的不满。于是，苏轼于熙宁四年（1071年）请求外放，被外派为杭州通判。

苏轼与王安石虽有矛盾，但王安石为人耿直，并没有因为政见不合就恶意打击、排挤苏轼。后来，由于变法派内部的分裂和反变法派的围攻，王安石被罢相，一些投机钻营的小人上位，开始打压报复苏轼。元丰二年（1079年）七月二十八日，苏轼突然被捕入狱，罪证是一些针砭时政的诗文，这就是著名的“乌台诗案”，苏轼因此差点丧命。由于神宗不想杀他，加之朝中多人为苏轼求情，苏轼出狱后被贬黄州。

元丰八年（1085年），神宗病故，年仅10岁的哲宗赵煦继位，神宗之母高太后垂帘听政。她一向反对新法，一掌政权，立刻起用旧党，司马光等人陆续回朝担任要职，新法逐项遭到废除。元祐元年（1086年），苏轼被召回汴京，连续升迁3次，官至翰林学士，同时还是皇帝的老师。苏轼在王安石变法期间反对新法，他本应为旧党一派，但他不同意对新法全盘否定，与旧党在废除新法上发生分歧。司马光死后，旧党分裂为几派，斗争激烈，苏轼遭旧党构陷，于元祐四年（1089年）再次出任杭州知州。

元祐八年（1093年）九月，高太后病死，哲宗亲政，收回大权的皇帝将其祖母的旧班底彻底推倒，新党重新执政，肆意报复旧党一派，苏轼厄运临头。苏轼当时已60岁高龄，竟被流放至广东瘴疠之地。即便如此，旧党一派不依不饶，将苏轼一贬再贬，最终被放逐海南儋州。北宋时期，流放到海南的严重程度仅次于死刑了。

元符三年（1100年），徽宗继位，宽赦元祐旧臣，苏轼始得内迁。流放岭外7年，苏轼没有被整死，却不料在北归途中由金陵往常州的船上病倒了。七月二十八日，一代文学巨匠在常州病逝。

纵观苏轼一生，他为人正直坦率、一心为国，无意参与派别之争，但却屡屡被卷入，而且深受其害，几乎葬送了他的一生。

每课金句

苏东坡比中国其他的诗人更具有多面性天才的丰富感、变化感和幽默感，智能优异，心灵却像天真的小孩——这种混合等于耶稣所谓蛇的智慧加上鸽子的温文。

——林语堂

作品赏析

《念奴娇 · 赤壁怀古》是苏轼流传后世的代表作之一。这首感情激荡、气势豪迈的词写于苏轼因“乌台诗案”被贬黄州后的第二年。词人面对“乱石穿空，惊涛拍岸”的赤壁，思绪万千。

念奴娇·赤壁怀古

【北宋】苏轼

大江东去，浪淘尽，千古风流人物。故垒[1]西边，人道是，三国周郎[2]赤壁。乱石穿空，惊涛拍岸，卷起千堆雪[3]。江山如画，一时多少豪杰。

遥想公瑾当年，小乔[4]初嫁了，雄姿英发[5]。羽扇纶巾，谈笑间，樯橹[6]灰飞烟灭。故国[7]神游，多情应笑我，早生华发[8]。人生如梦，一尊[9]还酹江月。

【阅读理解】

1. 给下列加点字注音。

   故垒（　　）　纶巾（　　）　樯橹（　　）（　　）　酹（　　）

2. 词的上阕写景，写出了赤壁景色的哪些特点？

____

____

①故垒：过去遗留下来的营垒，可能是古战场的遗迹。

②周郎：周瑜（175年—210年），字公瑾。东汉末年东吴名将，因其相貌英俊而有“周郎”之称。赤壁之战的指挥将领。

③雪：比喻浪花。

④小乔：乔玄的小女儿，东吴著名美女，周瑜之妻。

⑤英发：英俊勃发。

⑥樯橹（qiáng lǔ）：这里代指曹操的水军战船。樯，挂帆的桅杆。橹，一种摇船的桨。另有“强虏”一说。

⑦故国：这里指旧地，当年的赤壁战场。指古战场。

⑧华（huā）发：花白的头发。华，古同“花”。

⑨尊：通“樽”，酒杯。

3. “乱石穿空，惊涛拍岸，卷起千堆雪”这三句中哪几个字用得非常妙，思考作者为什么极力描绘这些景象？

4. 词人为什么只写周瑜，对周瑜形象的刻画，又寄寓了词人怎样的情感？

【赏　析】

这首词中苏轼花费笔墨着重描写了三国时期吴国的青年将领周瑜的英雄形象。“羽扇纶巾，谈笑间，樯橹灰飞烟灭”这一句，是苏轼对周瑜才华横溢的英雄形象最好的塑造。“纶巾”是指青丝带头巾。苏轼着力刻画了周瑜那儒雅的仪容装束，而不是头盔铠甲的战士打扮，反映出作为指挥官的周瑜对这次取胜早已胸有成竹。“谈笑间，樯橹灰飞烟灭”则写出胜利的快速与轻松，其中“灰飞烟灭”四字，更将曹操军队的惨败情景刻画得淋漓尽致。这场胜利如此轻松、彻底，也从侧面反映出周瑜不仅是一位潇洒从容的将军，更是足智多谋的英雄。

苏轼在写这样一首词时，不仅仅是为了描绘周瑜的英雄形象，同时也是借周瑜的千秋功名来抒发自己的抱负之心，希望有一天也可以用自己的才华来为国家建功立业。

汉字大变脸

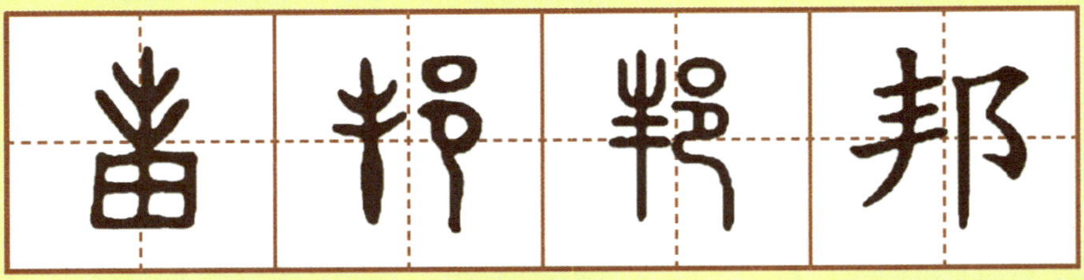

甲骨文　　金文　　小篆　　楷体

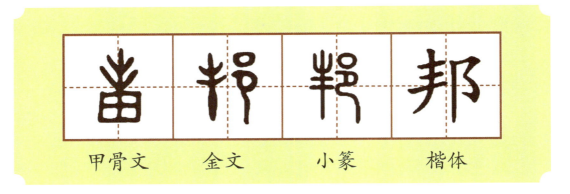

“邦”，会意字。甲骨文字形中，上面是生长的草木，下面是田地。“邦”是汉字的一个声旁。本义：古代诸侯的封地、国家。

拓展阅读

东坡先生与美食

在中国古代文学史上，苏轼可以说是一个难得一见的全才。论文章位列唐宋八大家，论词开创了豪放词风，论书法堪称宋四家。然而，除了这些文人所追求的正统名衔之外，东坡先生还有另一个身份，那便是美食家。一提到文人，我们通常的印象都是“四体不勤，五谷不分”，可直到今天，我们依然可以在许多饭馆的菜谱上看到诸如“东坡肉”“东坡肘子”这样用东坡先生来命名的菜品，它们都由苏轼首创，并流传至今，可见其影响之深远。

相传苏东坡在杭州任知州时遭遇了洪水灾害，他积极组织民工疏浚西湖，筑堤建桥，不仅使得西湖旧貌变新颜，更重要的是让当地的老百姓免受洪涝之灾。今天我们如果去西湖，依然可以看到这条当年由东坡先生组织修建的“苏堤”。杭州的老百姓很感谢苏东坡做的这件大好事，人人都夸他是个贤明的父母官。听说他最喜欢吃猪肉，于是到过年的这一天，大家就抬猪担酒来给他拜年。苏东坡也不推辞，指点家人将肉切成方块，烧得红酥酥的，然后分送给参加疏浚西湖的民工们吃，大家吃后无不称奇，把他送来的肉都亲切地称为“东坡肉”。

其实，这道肉菜最早是在苏东坡任徐州知州时发明的。当年苏轼刚到徐州，也是赶上徐州发洪水，他二话不说立刻带着全城百姓抗洪筑堤。抗洪胜利后，百姓纷纷杀猪宰羊，敲锣打鼓地送到知州衙门，赠给东坡先生，以表心意。苏轼并不拒绝，一一收下，并亲自指点厨师将这些送来的猪肉、羊肉分别切块烹熟，回赠给参加抗洪的黎民百姓。大家都觉得这肉肥而不腻、酥香美味，便称之为“回赠肉”。后来，苏轼被贬到了黄州，就不断改进回赠肉的烹饪方法。为此，他还专门写了一首炖肉歌：“黄州好猪肉，价贱如粪土，富者不肯吃，贫者不解煮。慢著火，少著水，火候足时它自美。每日早来打一碗，饱得自家君莫管。”直到苏东坡去杭州做官，这道肉菜才被正式命名为“东坡肉”。

东坡先生不仅仅是一位才华横溢的文人，一位追求修身齐家治国平天下的传统士大夫，一位心胸坦荡的官员，更是一位懂得生活的美食家。

第 6 讲 王安石

知识背景

王安石是北宋著名的文学家、政治家、哲学家，发动主持了“王安石变法”，这是中国古代继商鞅变法之后又一次规模巨大的社会变革运动。王安石的文学成就也极高。他位列“唐宋八大家”，其散文擅长于说理，简洁古朴；他的诗歌新奇工巧，被后人称为“王荆公体”。

王安石有很多作品被选入语文教材：《泊船瓜洲》被选入人教版五年级上册；《元日》被选入北师大版三年级上册；《书湖阴先生壁》被选入北师大版四年级上册；《登飞来峰》被选入北师大版五年级下册、苏教版八年级上册和人教版八年级下册；散文《伤仲永》被选入人教版七年级下册。

重点难点

1. 了解王安石的文学地位和政治地位。
2. 熟悉王安石的代表作品和写作风格。
3. 理解赏析重点作品《桂枝香·金陵怀古》。

著作推荐

1. 诗词推荐：王安石《明妃曲二首》《泊船瓜洲》《书湖阴先生壁》。
2. 文章推荐：朱自清和俞平伯的两篇同名散文《桨声灯影里的秦淮河》。

人物名片

王安石（1021 年—1086 年）

字介甫，号半山，封荆国公，谥号文。江西临川人，世称临川先生。北宋杰出的政治家、文学家。主持王安石变法，唐宋八大家之一，著有《临川先生文集》。

代表作有诗作《梅花》《泊船瓜洲》，词作《桂枝香·金陵怀古》，散文《伤仲永》《游褒禅山记》等。

1042年	21岁	进士第四名，授淮南节度判官。
1058年	37岁	作《上仁宗皇帝言事书》，系统地提出变法主张。
1069年	48岁	官至参知政事，主持熙宁变法。
1074年	53岁	神宗动摇变法一事，王安石被罢免宰相。
1079年	58岁	被任命为左仆射，封荆国公，世称“王荆公”。
1086年	65岁	病逝，获赠太傅，葬于江宁半山园。

课前漫画

王安石主张革新变法，使国家富强；司马光则认为变法过于激进，会使国家疲敝贫弱。因此，以王安石为首的“新党”与以司马光为首的“旧党”，持续争斗了很长时间。

知识链接

王安石变法

王安石变法发生在宋神宗时期。神宗是一位非常有抱负的皇帝，他登基时，宋朝积贫积弱的现象非常严重，他急切地想挽救国家的衰落。神宗皇帝早就知道王安石的大名，对他提出的改革主张也较为赞同，所以即位后不久就将江宁知府王安石召入京城。

王安石一到京城，宋神宗就把他叫到宫中。神宗开门见山地问道：“你有什么治国之见，请直言以告，不必顾虑。”王安石答道：“我朝的法令非常落后，制约国家的发展。要使国势强盛，应改革法令。”宋神宗说道：“你的主意很好，请你回去写个方案，交给朕看看。”王安石回府后，连夜写了一份奏章，次日交给神宗。宋神宗看了奏章，喜悦不已，叹道：“这份奏章切合实际，所谈之事是我从未听说过的！”从此，神宗更加信任王安石。公元1069年，王安石被封为参知政事（相当于宋代的宰相）。由于朝中诸多老官员思想保守，为了推行变法，神宗任命了章惇、吕惠卿等一批年轻官员协助王安石变法。由于这次变法是在宋神宗熙宁年间进行的，因此被称为“熙宁变法”，又称“王安石变法”。其中，最著名的有以下几项新法：

青苗法。规定农民在青黄不接的季节可向官府借粮，半年内附加少量利息归还。这样，既可以限制高利贷者对农民的盘剥，又可增加官府的收入。

免役法。对于官府的各种差役，农户不再自己轮流担当，而改由官府雇人充任。民户则按贫富等级交纳免役钱，原来不服役的官僚、地主也要交一半的钱。这就既增加了官府收入，又减轻了农民的劳役负担。

均输法。规定了就近采办、买贱不买贵的政策，大大减少了政府的财政支出。与之相配合的市易法则是在京城设市易务，负责平价收购商人滞售的货物，向商贩发放贷款，同时也可赊货给商贩贩卖。

方田均税法。重新丈量全国土地，包括被大官僚、大地主隐瞒占有的土

地在内。按土地实际面积多少和田地的好坏征收赋税，一方面减轻了老百姓沉重的赋税负担，另一方面增加了国库的收入。

王安石推行新法后，效果显著。国家收入增加，老百姓的利益也得到维护。但一些保守派反对新法，想尽办法阻挠新法的推行。最终，在1074年，越来越多的人反对新法，王安石眼看新法无法继续进行，于是上奏辞职，返回江宁府休养。王安石变法就这样落下了帷幕。

每课金句

不畏浮云遮望眼，自缘身在最高层。

——王安石《登飞来峰》

作品赏析

《桂枝香·金陵怀古》这首词是王安石治平四年（1067年）出任江宁知府时所作。《古今词话》中记载：“金陵怀古，诸公寄调于《桂枝香》者三十余家，独介甫最为绝唱。”本词被选入人教版高中第三册语文教材。

桂枝香·金陵怀古

【北宋】王安石

登临送目[1]，正故国[2]晚秋，天气初肃。千里澄江似

①登临送目：登山临水，举目远望。

②故国：旧时的都城，指金陵。

练①，翠峰如簇。征帆去棹②残阳里，背西风，酒旗斜矗。彩舟云淡，星河鹭起③，画图难足。

念往昔，豪华竞逐。叹门外楼头，悲恨相续④。千古凭高对此，漫嗟荣辱⑤。六朝旧事随流水，但寒烟衰草凝绿。至今商女，时时犹唱，《后庭》遗曲。

【阅读理解】

1. 给下列加点字注音。

金陵（　　）　去棹（　　）　星河鹭起（　　）　谩嗟荣辱（　　）

2. 解释下列加点字词。

（1）登临送目：________________

（2）画图难足：________________

（3）凭高：________________

3. “登临送目，正故国晚秋，天气初肃”一句在全词中有什么作用？

____

____

____

4. 往昔六朝统治者竞逐繁华，作者举了什么例子？统治者的奢靡生活给他们带来了怎样的后果？

____

____

①千里澄江似练：形容长江像一匹长长的白绢。语出谢朓《晚登三山还望京邑》：“余霞散成绮，澄江静如练。”澄江：清澈的长江。练：白色的绢。

②去棹（zhào）：过往的船只。棹：划船的一种工具，引申为船。

③星河鹭（lù）起：白鹭从水中沙洲上飞起。星河：指长江。

④悲恨相续：指亡国悲剧连续发生。

⑤谩嗟荣辱：空叹荣耀耻辱。这是作者的感叹。谩嗟：空叹。

5. 作者在词的末两句写到“至今商女，时时犹唱，《后庭》遗曲”有何用意？

______

______

______

【赏 析】

这首词上阕写景，意境高远，读来让人有“落霞与孤鹜齐飞，秋水共长天一色”之感。下阕议论，引用了陈后主的故事，告诫当朝统治者切不可重蹈覆辙。

陈后主，名叔宝，南北朝时期陈朝的最后一位皇帝。他在位期间大建宫室，生活奢侈，日夜与妃嫔、文臣游宴，制作艳词，不理朝政。隋军南下时，却自恃长江天险，不以为然，最终亡国被俘。

“念往昔，豪华竞逐，叹门外楼头，悲恨相续。”这句词化用了杜牧《台城曲》中的诗句：“门外韩擒虎，楼头张丽华。”这里讲述了陈朝灭亡的故事。韩擒虎是隋朝开国大将，他已带兵来到金陵（陈朝都城）朱雀门外，陈后主却还与他的宠妃张丽华在结绮阁上寻欢作乐。

“至今商女，时时犹唱，《后庭》遗曲。”这句词化用了杜牧《泊秦淮》中的诗句：“商女不知亡国恨，隔江犹唱《后庭花》。”“《后庭》遗曲”是指传说中陈后主所作的艳曲《玉树后庭花》。在此曲作完不久，陈朝就灭亡了，因此后世就将此曲称为“亡国之音”。

然而，不管是王安石还是杜牧，他们是在诗词中责备歌女的无知吗？不是的，这里并没有责备歌女之意，而是通过《后庭》遗曲，从侧面警策朝廷应接受教训，不能像前朝那些昏庸的帝王一样，最终落得亡国的下场。

汉字大变脸

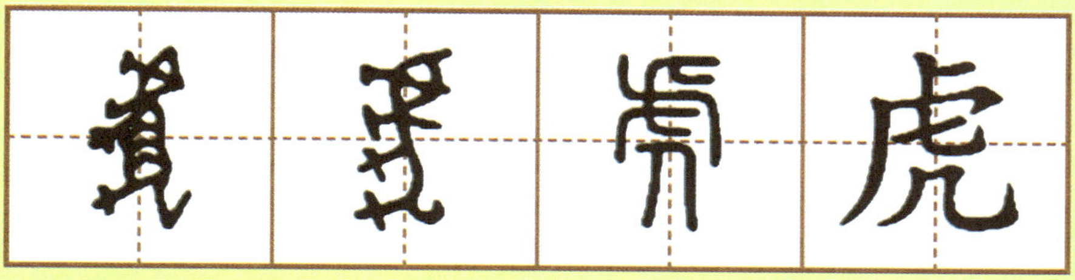

甲骨文　金文　小篆　楷体

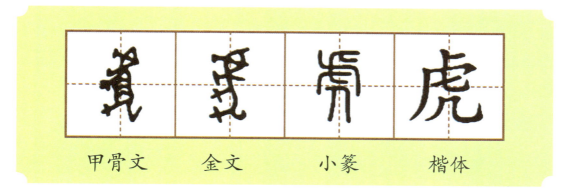

“虎”，象形字。金文字形像以虎牙、虎纹为特征的虎形。本义：老虎。

拓展阅读

印象秦淮

古老的城市，往往沉淀着悠久的故事。襟江带湖，依山傍水的六朝古都——南京，正是如此。那里的秦淮河、夫子庙、鸡鸣寺、乌衣巷、朱雀桥、莫愁湖等等，穿越了岁月的沧桑，依旧在诉说着古老而神奇的历史传说。

秦淮河是南京的母亲河，由东向西横贯市区，注入长江。相传秦始皇东巡时，随行的方士看见金陵上空紫气升腾，以为是王气，就赶紧报告秦始皇，说这个地方很危险，五百年后要出帝王。而秦始皇建立秦朝时是准备二世、三世一直到千秋万代的，他绝不允许再冒出一个皇帝，跟他争夺这大好江山。于是，方士就给他出主意，说是把方山挖断，引进水源，就能破坏这里的王气。后人就把开凿的这条河称为“秦淮河”，讽刺的是，它未能改变

秦朝二世而亡的命运。

从南朝开始，秦淮河就成为名门望族的聚居之地。无数商船昼夜往来于河上，两岸酒家林立，轻歌曼舞，丝竹盈耳。秦淮风光，以灯船最为著名。河上之船一律挂满彩灯，游秦淮之人，必以乘船观灯为快。著名文学家俞平伯和朱自清的两篇同名散文——《桨声灯影里的秦淮河》，更是深得此中趣味。

第7讲 欧阳修

知识背景

欧阳修是北宋著名的政治家、文学家，宋初文学史上开创一代文风的文坛领袖，倡导了北宋诗文革新运动，继承并发展了韩愈的古文理论。他的散文成就创作最高，是“唐宋八大家”之一。欧文感情真挚，语言简洁流畅，文气委婉平和，创造了一种平易自然的新风格。欧阳修作为宋初文坛领袖，培养了众多新人，在传承与变革上，都做出了不可磨灭的贡献。

欧阳修的作品被选入初中语文教材：《醉翁亭记》被选入人教版八年级下册和苏教版九年级上册。

重点难点

1. 了解欧阳修在文学史上的地位。
2. 熟悉欧阳修的代表作品和写作风格。
3. 理解赏析重点作品《醉翁亭记》。

著作推荐

1. 诗词推荐：欧阳修《蝶恋花·庭院深深深几许》《踏莎行·候馆梅残》《生查子·去年元夜时》。
2. 书目推荐：王水照《欧阳修传》，天津人民出版社，2013年。

人物名片

欧阳修（1007年—1072年）

字永叔，号醉翁，又号六一居士，谥号文忠，世称欧阳文忠公。北宋著名文学家，三苏及曾巩、王安石皆出自其门下。唐宋八大家之一，倡导了北宋的古文运动。

代表作有散文《醉翁亭记》，词作《蝶恋花·庭院深深深几许》等。

1007年	出生	欧阳修出生于绵州（今四川绵阳）。
1030年	23岁	在殿试中获得第十四名，位列二甲进士及第。
1031年	24岁	来到洛阳，在钱惟演的支持下推行古文。
1040年	33岁	“庆历新政”失败后，被贬滁州，其间创作《醉翁亭记》。
1057年	50岁	成为进士考试主考官，录取苏轼、苏辙、曾巩等人。
1072年	65岁	辞去官职，逝世于家中。

课前漫画

虽然欧阳修与状元之位失之交臂，但他的文名却流芳百世，而状元王拱辰却很少为人所知。所以，得了第一名并不代表最后的胜利呀！

知识链接

羞与修

宋朝有一个富家子弟，学识浅薄却总以为自己了不起，人们都叫他酸秀才。酸秀才听说欧阳修诗文很厉害，就决定去和他一比高下。

一日，天气不错，酸秀才就出发了。秀才来到河边，上船的时候见路旁有棵大树，顿时诗兴大发，吟道："路旁一古树，树上两个杈。"他这前两句虽不怎么好吧，倒也文通字顺。可不知怎么，后两句就卡了壳儿，肚子里再也找不出词儿了。天下之事，还真是无巧不成书。恰好欧阳修也来渡河，就替他续了两句："春来苔为叶，冬至雪当花。"酸秀才一听，拱手赞道："想不到老兄也会吟诗，对得还不错，幸会幸会。"

说话间，已经开船了，酸秀才看到河中有一群鹅，有的鹅潜水，有的鹅灌水，诗性又起，脱口而出："远看一群鹅，一棒打下河。"可是，话说两句又没词儿了。欧阳修顺口接道："白翼分清水，红掌踏绿波。"酸秀才大喜："看来老兄肚子里还真有点儿墨水，竟能懂我的诗意，那咱俩一起去拜访欧阳修吧！"欧阳修微笑着点点头。

两人到了码头，酸秀才诗性再起，吟道："诗人同登舟，去访欧阳修。"欧阳修哈哈大笑，顺口对道："修已知道你，你还不知修（羞）。"

众人捧腹大笑，这时酸秀才恍然大悟，和他对诗的老翁，正是大文学家欧阳修。

每课金句

立身以立学为先，立学以读书为本。

——《欧阳文忠公文集》

作品赏析

宋仁宗庆历五年（1045年），欧阳修被贬官到滁州。仕途受挫的欧阳修不仅没有消沉，反而在造福百姓之余流连山水，自得其乐。《醉翁亭记》作于庆历六年（1046年），当时欧阳修任滁州太守。贯穿《醉翁亭记》的主线是“乐”字，“醉”和“乐”是统一的，“醉”是表象，“乐”是实质，写“醉”是为了写“乐”。（选文取自《醉翁亭记》第一段）

醉翁亭记（节选）

【宋】欧阳修

环滁[①]皆[②]山也。其西南诸峰，林壑尤[③]美。望之蔚然而深秀[④]者，琅琊也。山行[⑤]六七里，渐闻水声潺潺而泻出于两峰之间者，酿泉也。峰回路转[⑥]，有亭翼然[⑦]临于泉上者，醉翁亭也。作亭者谁？山之僧智仙也。名[⑧]之者谁？太守自谓[⑨]也。太守与客来饮于此，饮少辄[⑩]醉，而年又最高，故自号曰醉翁也。醉翁之意不在酒，在乎山水之间也。山水之乐，得之心而寓之酒也。

---

①环滁：环绕着滁州城。滁州，今在安徽省东部。环：环绕。
②皆：全、都。
③壑：山谷。尤：格外。
④蔚然：茂盛的样子。深秀：幽深秀丽。
⑤山行：沿着山路走。山：名词作状语，沿山路。
⑥峰回路转：山势回环，路也跟着拐弯。
⑦翼然：像鸟张开翅膀的样子。
⑧名：名词用作动词，命名。
⑨谓：命名。
⑩辄：就。

阅读理解

1．给下列加点字注音。

环滁（　　）　林壑（　　）　琅琊（　　）（　　）

水声潺潺（　　）　辄（　　）

2．解释下列加点字词。

（1）环滁皆山也：________

（2）蔚然而深秀：________

（3）得之心而寓之酒：________

3．按要求填写诗句。

（1）欧阳修自号醉翁的原因：________

（2）直抒胸臆、奠定文章抒情基调的句子：________

____

4．作者本段运用了怎样的写景顺序？请举例说明。

____

____

____

赏　析

选文是《醉翁题记》的第一段，主要介绍了醉翁亭的所处位置。首先，欧阳修点出了滁州城的全景——四面都是山，其中，以西南方向的山岭最为俊美，这就是著名的琅琊山。走进琅琊山大概六七里，会听到水声潺潺，这是山中的酿泉。走过一条曲径，不远处有一座亭台横跨于酿泉之上，这便是此行的目的地——醉翁亭。欧阳修仿佛是一位导游，带领着读者一步步寻找目的地。由远到近，由大到小，他清晰简短的介绍让读者对醉翁亭的所处位置一目了然。接下来作者介绍了醉翁亭的来历，是智仙僧所建，欧阳修命名。醉翁亭就是他平日的休闲娱乐场所。这段话中的点睛之句“醉翁之意不在酒”现在已经成了一个成语。原本是作者说自己在亭子里的乐趣不在喝酒，而在于欣赏山里的风景，现在引申表示为本意不在此而在别的方面。

《醉翁亭记》的后面几段详细描写了这里朝暮、四季的美好风光，还有滁州人民出游的盛况，全文富有诗情画意，格调清新雅致，不仅描绘出醉翁亭的山水之美，还表达了欧阳修与民同乐的旷达情怀。

汉字大变脸

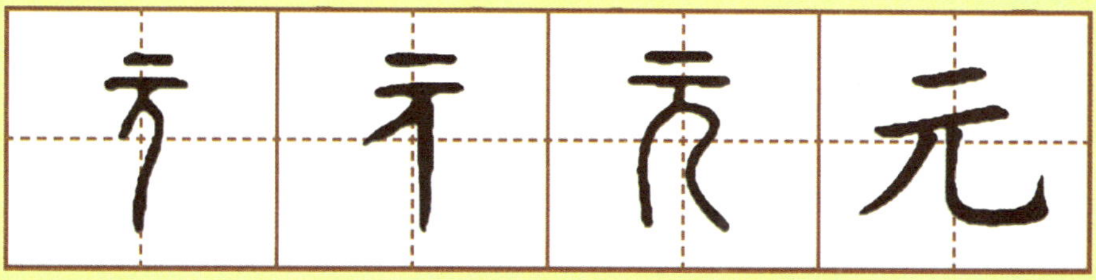

甲骨文　金文　小篆　楷体

“元”，会意字。从一，从兀。甲骨文字形像人形，上面一横指明是人的最顶端，也就是“头”这个部分。本义：头。

拓展阅读

中国的几大复姓

中国人的姓一般都是单字，复姓则比较少见。复姓的来源一般是封地、居住地、官名、人名、部落名等。复姓发展到现代，很多都已经消失了，现存的复姓主要有欧阳、上官、慕容、东方等。东方朔、宇文化及、欧阳修等都是古代的复姓名人。

“欧阳”一姓源于姒姓，是以封邑命名的姓氏。据说，楚国灭掉越国后，越王勾践的后代被封于乌程欧余山的南面。因为古代山南为“阳”，所以被人们称为欧阳亭侯。后来他的后代就以“欧阳”为姓，称为欧阳氏。上官是以官职命名的复姓。据说，上官氏的得姓始祖是春秋楚庄王的少子子兰。子兰官拜上官大夫，就以官名为姓氏而姓了上官。

慕容氏是鲜卑族的主要部落之一。三国时期，鲜卑族首领莫护跋率领族人迁居辽西，并在荆城以北（今河北省昌黎县境内）建立国家。而当时北方的汉人流行戴步摇冠（一种带有悬垂装饰物的帽子），莫护跋见了很喜欢，也做了一顶，天天戴在头上。鲜卑人见了他这种打扮，就称他为“步摇”。因当地语言“步摇”与“慕容”读音相似，传到后来就变成了“慕容”。莫护跋的后人索性以此作为部落的名称。西晋时，慕容氏建立燕国，从此正式以慕容为姓。宇文也是鲜卑族的姓氏。

现在复姓虽然不多见了，但也有人在给孩子取名时，将父母双方的姓氏合在一起，变成“复姓”。例如，有的人姓“李王”，可能就是因为他的父母一方姓“李”，一方姓“王”。

第8讲 秦观

知识背景

秦观是“苏门四学士”之一，他的词清理淡雅，典型地体现出婉约词的艺术特点。秦观改造、发展了南唐以来以花间词风格代表的传统艺术流派，拓宽了词的艺术境界，使之不断勃发充溢着新的生命活力。苏轼评价秦观“有屈、宋之才”。

秦观的《鹊桥仙》被选入冀教版八年级上册语文教材和人教版高中语文必修三。《踏莎（suō）行·郴（chēn）州旅舍》也是秦观的代表作品，体现出秦观词音律谐美、情韵兼胜的婉约派特点。

重点难点

1. 了解秦观对宋词发展的贡献。
2. 熟悉秦观的代表作品和写作风格。
3. 理解赏析重点作品《踏莎行·郴州旅舍》。

著作推荐

1. 诗词推荐：秦观《鹊桥仙》《满庭芳·山抹微云》《浣溪沙》。
2. 书目推荐：《悲情歌手秦少游评传》，许伟忠著，上海辞书出版社。

人物名片

秦观（1049 年—1100 年）

字少游，一字太虚，号淮海居士。江苏高邮人。北宋后期婉约词派代表人物，“苏门四学士”之一。

代表作有《踏莎行 · 郴州旅舍》《鹊桥仙》《满庭芳 · 山抹微云》《浣溪沙》等。

1049年	出生	出生于江苏高邮。
1078年	29岁	初次拜谒苏轼，受到苏轼赏识。
1085年	36岁	考中进士，初为定海主簿。
1091年	42岁	迁国史院编修，供职于史馆，人称“苏门四学士”之一。
1094年	45岁	“新党”执政，“旧党”遭罢黜，秦观被贬郴州。
1100年	51岁	放返横州途中，在滕州去世。

课前漫画

牛郎织女是中国古代著名的民间故事，秦观则用这个故事揭示了爱情的真谛：只要彼此真心相爱，即使天各一方，也能经得起时间的考验。

知识链接

苏门四学士

北宋朝廷重文轻武，中央掌握实权的多为文官，这个在政治舞台上历经风云变幻的文人集团，同样引领着主流文坛的发展。从晏殊开始，对后世产生深远影响的北宋文人大多依靠前辈的提拔走上政坛，而这种传统，对北宋文学的繁荣也起到了促进作用。晏殊栽培了欧阳修，欧阳修又提拔了苏轼、曾巩等人。到了苏轼这一代，则不得不提“苏门四学士”。

“苏门四学士”是苏轼最为得意的四位门生的合称，他们是秦观、黄庭坚、张耒（lěi）和晁（cháo）补之。用苏轼自己的话说：“如黄庭坚鲁直、晁补之无咎、秦观太虚、张耒文潜之流，皆世未之知，而轼独先知。”由于苏轼的推誉，四人很快名满天下。

此四子同出苏门，秦观善于写词，其词婉约清丽，是北宋后期婉约词派的代表人，词作清新俊雅，苏轼评价秦观“有屈、宋之才。”黄庭坚诗作别具一格，喜欢使用奇僻之语，令人耳目一新，他作为“江西诗派”的开山之祖，对宋代诗坛影响深远，后代的著名诗人如陆游、范成大、杨万里等人均受到黄庭坚的影响。此外，黄庭坚擅长书法，与苏轼、米芾、蔡襄并称“宋代书法四家”。张耒的诗作曾被苏轼赞为“汪洋冲淡，有一唱三叹之音”，他非常注重诗歌理论，一生创作丰富。晁补之在诗歌方面成就较高，他的诗歌以古体和乐府居多，善学韩愈、欧阳修，骨力遒劲，辞格俊逸，总体风格凄壮沉咽，缺乏苏轼的旷达超脱情怀。

每课金句

其诗清新妩媚，鲍、谢似之。

——王安石

作品赏析

创作《踏莎行 · 郴州旅舍》这首词时，秦观49岁，已经步入了生命的最后阶段。在此之前，由于政治斗争，秦观已经遭遇接二连三的贬谪，有次曾被贬至郴州。此作写于秦观初抵郴州之时，它以委婉曲折的笔法，抒写了谪居的凄苦与幽怨，成为蜚声词坛的千古绝唱。

踏莎行 · 郴州旅舍

【北宋】秦观

雾失楼台，月迷津渡[1]。桃源[2]望断无寻处。可堪[3]孤馆闭春寒，杜鹃声里斜阳暮。

驿寄梅花[4]，鱼传尺素[5]。砌成此恨无重数。郴江幸自[6]绕郴山，为谁流下潇湘去。

---

①津渡：渡口。

②桃源：典出东晋陶渊明《桃花源记》，指与世无争的隐居之地。

③可堪：哪堪。

④驿寄梅花：典出陆凯《赠范晔诗》：“折梅逢驿使，寄与陇头人。江南无所有，聊寄一枝春。”就是请邮差寄送梅花，比喻向远方友人表达思念之情。

⑤鱼传尺素：典出《古诗》：“客从远方来，遗我双鲤鱼。呼儿烹鲤鱼，中有尺素书。”尺素指代书信。

⑥幸自：本自，本来是。

【阅读理解】

1. 给下列加点字注音。

踏莎行（　　）　驿寄（　　）　郴江（　　）　潇湘（　　）

2. 解释下列字词。

（1）津渡：________________

（2）桃源：________________

（3）幸自：________________

3. 有人认为这首词的上阕具有象征意义，你是否同意这种说法？为什么？

____

____

____

4. “砌成此恨无重数”一句，“砌”字使用精妙，请你谈谈“砌”字的表达效果。

____

____

____

【赏　析】

在古典诗词中，“杜鹃”意象常常被用来表达凄苦、哀怨的心绪，抒发乡愁、思念之情。

如李白的“杨花落尽子规啼，闻道龙标过五溪”，李商隐的“庄生晓梦迷蝴蝶，望帝春心托杜鹃”，黄庭坚的“杜宇声声，催人到晓，不如归是”，等等。这些诗句中的“子规”“望帝”“杜宇”实际都指杜鹃。那么为什么古代的文人墨客们都不约而同地将哀怨之情寄托于杜鹃呢？

相传，战国时期的蜀王杜宇称帝后，号为望帝。他很关心老百姓的生活，经常教百姓怎样种植庄稼，叮嘱他们遵守农时。在他的精心治理下，蜀国上下都安居乐业。不过，让望帝十分头疼的是，蜀国经常闹水灾，他费尽心思也不能从根本上消除水患。后来蜀国的大臣鳖灵治好了水患，望帝为了感激他就禅位于他，自己退隐西山。归隐后的杜宇仍然心系蜀国，死后化为杜鹃鸟守护着百姓。后来蜀国被秦国用计所灭，杜宇思念故国，整日悲啼，以致口中流血。他的叫声哀戚至极，很像有人在说：“不如归去，不如归去……”十分容易勾起他乡游子的乡愁和对亲人的思念。此后，人们又把杜鹃叫作“子规”，并将它作为哀怨思乡之情的象征。

秦观写这首词时，自己正被贬谪他乡，归乡无望。暮春时节，落日西沉，杜鹃阵阵“不如归去”的叫声，更增添了他心中的怅惘与哀怨，同时也点明了全词的思乡主题。

汉字大变脸

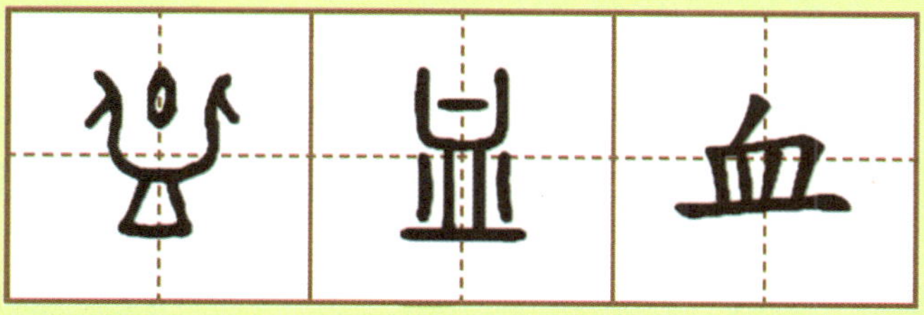

甲骨文　　小篆　　楷体

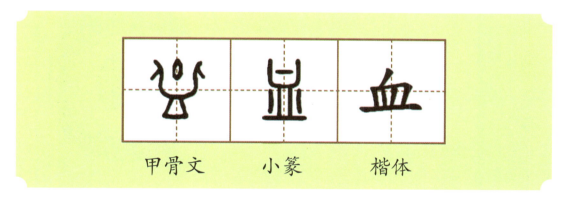

“血”，指事字，甲骨文在器皿中加一圆圈指事符号，表示液滴。本义：祭神杀牲时滴注在器皿里的、代表生命的温热鲜红的体液。

拓展阅读

回环诗

回环诗，也叫“回文诗”或“回纹诗”，顾名思义，就是能够回环往复，正读倒读皆成章句的诗篇。它是我国文人墨客卖弄文才的一种文字游戏，虽然其艺术价值并不高，但是也不失为中国古代文学史上一道独特的风景线。

提到回环诗，则不得不提北宋时期两位著名的文学家——苏轼与秦观。据说，有一次苏轼上门拜访秦观，秦观家人告诉苏轼，他出外游玩，很可能上寺里去了。于是苏轼写信去询问他的情况。秦少游见苏轼来信后，便写了一封只有14个字的怪信遣人带回给苏轼。信上的14个字排成一圈（如右图所示）。

苏轼看后，连声叫好。原来，秦观写的是一首回环诗，诗中描述了他外出游玩的生活和情趣。其内容为：“赏花归去马如飞，去马如飞酒力微。酒力微醒时已暮，醒时已暮赏花归。”14个字组成了一首七言绝句，每个字出现两次，文字处理技巧高超。

第9讲 晏殊

知识背景

晏殊是北宋著名文学家、政治家，谥号元献，世称晏元献，与欧阳修并称“晏欧”。晏殊以词闻名于文坛，尤其擅长小令。晏殊的诗文词继承晚唐五代的传统，风格含蓄婉丽。他还擅长写诗、写散文，有词集《珠玉词》传世。

晏殊的很多作品都被选入了初中语文教材：《浣溪沙·一曲新词酒一杯》被选入人教版七年级上册和苏教版九年级上册；《蝶恋花·槛菊愁烟兰泣露》被选入苏教版高中必修四。

重点难点

1. 了解晏殊生平经历及其作品风格。
2. 了解晏殊在北宋词坛的地位。
3. 赏析《浣溪沙》《蝶恋花》，感受其悼惜残春之情及离愁别恨。

著作推荐

1. 诗词推荐：晏殊《破阵子·燕子来时新社》，晏几道《临江仙·梦后楼台高锁》。
2. 影视推荐：《中国文学史宋元部分·晏殊、欧阳修》，主讲人王小舒，2013年。

人物名片

晏殊（991年—1055年）

字同叔，抚州临川人，谥号元献，世称“晏元献”，与欧阳修并称“晏欧”。北宋著名政治家、文学家。与其子晏几道，被称为“大晏”和“小晏”。晏殊继承了晚唐五代的传统，作品风格含蓄婉丽，作品内容沉着，不流于浮浅，为当时所重。《宋史》说他“文章赡丽，应用不穷。尤工诗，闲雅有情思”。

代表作有《浣溪沙》《蝶恋花》《破阵子》等。

1005年	14岁	参加廷试，被授予“同进士”出身。
1022年	31岁	因违背刘太后旨意并在皇宫撞折侍从门牙，遭御史弹劾。
1027年	36岁	在应天府兴办教育，培养人才。
1038年	47岁	提出抵挡西夏兵的军事建议，提升宋军战斗力。
1042年	51岁	官至宰相，大力提拔人才。
1055年	64岁	晏殊病逝，宋仁宗赐其谥号为“元献”。

课前漫画

晏殊德才兼备，不仅对自己要求严格，而且对身边的人也丝毫不马虎。虽被贬官，晏殊在应天府做官时，还是办了不少实事。

知识链接

两位神童

据说，北宋景德年间有两位神童——晏殊和蔡伯俙（xī），宋真宗曾亲自召见他们，并出题考查他们的才学。蔡伯俙取胜心切，拿到试题后便奋笔疾书。而晏殊发现题目竟是自己10天前在家里练习过的，就老老实实地告诉了宋真宗，并要求另出难题来做。结果蔡伯俙抢先交卷，不过晏殊也因为自己的诚实得到了皇帝的赏识。

后来，两人同时留在宫里陪伴太子（也就是后来的宋仁宗）读书。太子年幼，喜欢玩耍，不好好学习。晏殊就苦口婆心地劝导，惹得太子很讨厌他。而蔡伯俙则百般迎合太子，处处讨他欢心。皇宫的门槛很高，太子跨不过去，蔡伯俙就趴在地上，用脊背给他垫脚。一次，皇帝检查太子学业，让他作一篇文章来看，太子要求晏殊代写。晏殊认为这是弄虚作假，不肯答应，蔡伯俙就赶紧写了一篇，送给太子照抄。结果皇帝发现破绽追查下来，晏殊就如实相告了。此后太子就更恨晏殊了，扬言即位后就杀掉他。而晏殊却神色不改地说："即便杀头，我也要说真话！"

后来太子即位，人们都以为晏殊肯定要吃苦头了，而蔡伯俙则会当大官，可谁也没料到仁宗皇帝竟然让晏殊做了宰相。蔡伯俙心中不服，去找仁宗理论。仁宗说："你和晏殊都很有才华，但是他比你更正派。宰相肩负国家重任，应该由晏殊这样德才兼备的人来担任。"

由此可见，要成就大的事业，有才华还不够，必须德才兼备才行。而在清平之世遇到圣明之主，也算是晏殊人生的一大幸事了！

每课金句

文章赡丽，应用不穷。尤工诗，闲雅有情思。

——《宋史》评晏殊

作品赏析

（一）

《浣溪沙 · 一曲新词酒一杯》是《珠玉词》中的名作，也基本代表了晏殊的艺术风格。晏殊一生仕途相对比较平坦，这首词在寄托“富贵闲情”之外，还蕴含着深刻的人生哲理，耐人寻味。

浣溪沙①

【宋】晏殊

一曲新词酒一杯，去年天气旧亭台②。夕阳西下几时回？

①《浣溪沙》，原为唐教坊曲名，来源于“西施浣纱”的典故。西施是我国古代四大 美女之一，原为春秋越国的浣纱女子，面若芙蓉，楚楚动人。传说她在溪边浣纱时，鱼儿都痴迷于她水中的倒影而忘记游动，渐渐沉到水底，所以历史上以“沉鱼”代称西施。

②去年天气旧亭台：是指天气与亭台都和去年一样。

无可奈何[1]花落去，似曾相识燕归来。小园香径[2]独徘徊。

【阅读理解】

1．给下列加点字注音。

浣溪沙（　　）　　路径（　　）　　徘徊（　　）（　　）

2．晏殊在《浣溪沙·一曲新词酒一杯》中伤花惜时的两句是：__________________________，__________________________。

3．想一想，从这首词中你能悟出什么道理。

____

____

____

【赏　析】

词人原本是怀着轻松喜悦的心情饮酒作词的，但却无意触发了对过往的追忆。去年此时也是一样的暮春天气，眼前也是一样的亭台楼阁、一样的清歌美酒。然而一切如昔的表象之下却隐藏着难以逆转的变化。夕阳落下了可以再升起，但一些人和事消逝了之后就再也回不来了。

据说晏殊写这首《浣溪沙》时，写到“无可奈何花落去”就无法继续下去了。后来，偶然之间从诗人王琪那里得到下句“似曾相识燕归来”，才成就了这首流传千古的好词。“花”代表了美好的事物，可惜的是花会凋落，美好的事物也会消逝，这些都是自然规律，人们无力阻止。然而花虽落了，那翩翩归来的燕子不正像去年在此安巢的旧相识吗？所以人们也不必过于感伤，因为消亡往往伴着新生，旧事物消逝了，新的美好的事物也会随之而

①无可奈何：不得已，没有办法。

②香径：带着幽香的园中小径。

来，希望一直都在。

唐代诗人崔护在其诗作《题都城南庄》中写道：“去年今日此门中，人面桃花相映红。人面不知何处去，桃花依旧笑春风。”这首诗和《浣溪沙》中“去年天气旧亭台”的意境就有一些相似的地方。

（二）

《蝶恋花·槛菊愁烟兰泣露》是宋词写深秋怀人的名篇佳作。王国维先生《人间词话》中，把其中的句子“昨夜西风凋碧树，独上高楼，望尽天涯路”列为“古今成大事业大学问者必经三境界”的第一境界，之后该词人尽皆知，成为宋词中的佼佼者。

蝶恋花①

【宋】晏殊

槛②菊愁烟兰泣露，罗幕③轻寒，燕子双飞去。明月不谙离恨④苦，斜光到晓穿朱户⑤。

①《蝶恋花》原为唐教坊曲名，本采用于梁简文帝乐府“翻阶蛱蝶恋花情”为名，又名《黄金缕》《鹊踏枝》《凤栖梧》《卷珠帘》《一箩金》《江如练》《西笑吟》。《乐章集》《张子野词》并入“小石调”，《清真集》入“商调”。其词牌始于宋。双调，六十字，上下片各四仄韵。以《蝶恋花》为词牌的词一般抒写缠绵悱恻或抒写心中幽愁的情感。

②槛（jiàn）：古建筑常于轩斋四面房基之上围以木栏，上承屋角，下临阶砌，谓之槛。至于楼台水榭，亦多是槛栏修建之所。

③罗幕：丝罗的帷幕，富贵人家所用。

④不谙（ān）：不了解，没有经验。谙：熟悉，精通。离恨：一作“离别”。

⑤朱户：犹言朱门，指大户人家。

昨夜西风凋碧树[①]，独上高楼，望尽天涯路。欲寄彩笺兼尺素[②]，山长水阔知何处？

【阅读理解】

1. 给下列加点字注音。

   罗幕（　　）　凋碧树（　　）　兼尺素（　　）（　　）

2. 用拟人手法写景的句子是：________，________。

3. 王国维曾说过："古今之成大事业大学问者，必经过三种境界。"本词中"昨夜西风凋碧树。独上高楼，望尽天涯路"为第一境界，其余的两种境界分别是什么？

   ____

   ____

   ____

【赏　析】

这首词是晏殊写离愁别恨的名篇。上阕移情于景，让景物表达自己的情感，点出离恨；下阕通过高楼独望，生动形象地将主人公望眼欲穿的神态表现出来。王国维在《人间词话》中把这首词的"昨夜西风凋碧树，独上高楼，望尽天涯路"、柳永的"衣带渐宽终不悔，为伊消得人憔悴"和辛弃疾的"众里寻他千百度，蓦然回首，那人却在灯火阑珊处"一起比作治学的三种境界，足见本词之盛名。

晏殊思念远方的人，看到轻烟笼罩着的栏杆外菊花，好像是含着愁；看

---

①凋：衰落。碧树：绿树。

②彩笺：彩色的信笺。尺素：书信的代称。古人写信用素绢，通常长约一尺，故称尺素，语出《古诗十九首》："客从远方来，遗我双鲤鱼。呼儿烹鲤鱼，中有尺素书。"兼：一作"无"。

到挂有露珠的兰叶，好像在哭泣。罗幕轻垂，空气微冷时，一双燕子飞了过去。明月不知道离别的愁苦，斜斜地把月光照进屋子里，直到天明。昨天夜里，秋风吹落碧树的叶子。词人独自登上高楼，看路消失在天涯。想寄一封信，但是山水迢迢，想念的人在哪里呢？

全词深婉中见含蓄，广远中有蕴涵。一种无可奈何的离愁别恨在人心头久久萦绕，让人无可奈何。

汉字大变脸

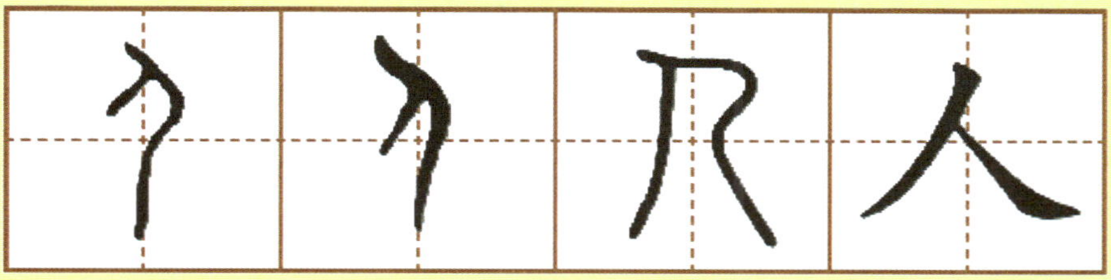

甲骨文　　金文　　小篆　　楷体

甲骨文的“人”字，好像一个侧面站立的人在打躬作揖。

拓展阅读

宋代的选官制度

英雄不问出处，神童莫问身世。晏殊虽然出身不是豪门，但5岁能作诗，7岁能写文章，这不是神童又是什么？

晏殊聪明好学，有“神童”的名声。于是在景德元年（1004年）被江南按抚张知白推荐。次年，14岁的晏殊和来自各地的数千名考生同时入殿参加考试，晏殊毫不胆怯，很快答完试卷，受到真宗的嘉赏，赐同进士出身。

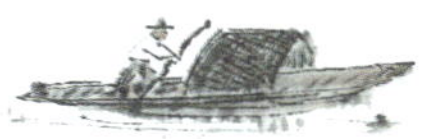

宰相寇准说道：“晏殊是外地人。”皇帝回答道：“张九龄难道不是外地人吗？”过了两天，在诗、赋、论的考试中，晏殊上奏说他曾经做过这些题，请求皇帝用别的题来测试他。晏殊的真诚与才华受到真宗的赞赏。一次，真宗说：“最近听说馆阁大臣们都嬉游宴饮，一天到晚沉醉其中，只有晏殊与兄弟闭门读书，这么谨慎忠厚的人，正可教习太子读书。”于是，晏殊担任了太子教习。年纪轻轻就受到了皇帝的重用，果然“天才”“神童”可不是白叫的！

为什么小小年纪的晏殊能够通过别人的推荐，凭借神童的身份就能参加殿试呢？让我们一起了解宋朝的选官制度吧！

中国古代的科举制度最早起源于隋代，隋文帝废除九品中正制，开始采用分科考试的方法来选拔官员。隋灭亡后，唐太宗、武则天、唐玄宗都为科举制度的完善做出过贡献。到了宋代，朝廷“重文轻武”，科举制自然很受重视。

宋代科举考试的科目中，进士科十分重要。宋代的进士分为三等：一等称进士及第；二等称进士出身；三等赐同进士出身。进士一等多数可以官至宰相，所以宋人也把进士科看作宰相科。

为了防止考生作弊，宋代实行了糊名制和誊（téng）录制。糊名就是把考生考卷上的姓名、籍贯等信息密封起来，这种方法和我们现在试卷上都有的“密封线”实际是一个作用。但是，糊名之后，改卷官员还可能认识笔迹，所以又找专门的人将考生的试卷再抄一遍。这样，考官在阅卷时，不仅不知道考生的姓名，连考生的字迹也无从辨认，也就不可能再帮助考生作弊了。

科举制只是宋代选官制度中的一种，人们也可以通过制举和荫（yìn）补进入仕途。制举类似于举荐，考生可以通过他人的推荐而做官。晏殊就是先由别人举荐，再参加殿试而平步青云的。荫补，又称为恩荫，主要是为了照顾高官子弟而产生的补充选官制度。

同古代相比，现在的考试种类更多，考试内容也更加繁杂，但考试形式却相对开放，考试制度也相对公平。

贰·外国文学

第10讲 但丁

知识背景

但丁·阿里盖利是意大利民族文学的奠基者，也是欧洲历史发展转折时期的文化巨人。著名思想家恩格斯曾经这样评价但丁：“封建的中世纪的终结和现代资本主义纪元的开端，是以一位大人物为标志的，这位人物就是意大利人但丁，他是中世纪的最后一位诗人，同时又是新时代的最初一位诗人。”这段话准确地指出了但丁在欧洲文学史上的地位。

但丁的代表作是流传千古的长诗《神曲》。诗中的但丁通过自己在炼狱、地狱和天堂的见闻，讽刺了中世纪教会的虚伪及丑恶。

重点难点

1. 了解欧洲历史从中世纪向文艺复兴转折的时代背景。
2. 掌握但丁相关的文学知识。
3. 品读《神曲》的节选片段《饕餮者》，理解作品中的讽刺意义。

著作推荐

1. 文章推荐：邢世嘉《在但丁故居》。
2. 书目推荐：《神曲》（地狱篇、炼狱篇、天国篇），但丁著，田德望译，人民文学出版社。

人物名片

但丁·阿里盖利（1265年—1321年）

意大利著名诗人，欧洲文艺复兴时代的开拓人物之一，被称为“中世纪的最后一位诗人，同时又是新时代的最初一位诗人”，与彼特拉克、薄伽丘并称为“文坛三杰”。

代表作有《神曲》《新生》《论俗语》《飨宴》等。

1265年	出生	生于佛罗伦萨一个没落的贵族家庭。
1292年	27岁	出版了《新生集》，表达了自己对贝阿特丽切诚挚的爱恋之情。
1301年	36岁	法国国王的兄弟瓦鲁瓦的卡罗，控制了佛罗伦萨，并宣布放逐但丁，从此但丁流落异乡。
1304年	39岁	写了《飨宴》和《论俗语》，开始理性地思考意大利的未来。
1307年	42岁	被流放时期，但丁以创作来排遣自己的郁闷，开始写作《神曲》。
1321年	56岁	但丁在意大利东北部的腊万纳去世，客死异乡。

课前漫画

但丁凭借着自己的风趣幽默和聪明才智吃到了美味的大鱼。但是，大诗人一生却远远不像品味鲜鱼一样的轻松自在。

知识链接

中世纪的埋葬者——文艺复兴运动

但丁生活在十四世纪的意大利，即中世纪时期。中世纪是指从西罗马帝国灭亡（476年）到文艺复兴（1453年）为止的历史时期，是欧洲历史上的“黑暗时代”。频繁的战乱导致经济发展缓慢，人们的生活十分痛苦。

意大利位于地中海沿岸，由于海上贸易发达，一些富裕起来的人们不再满足于基督教文化的束缚，于是一场轰轰烈烈的文艺复兴运动首先在意大利的佛罗伦萨爆发了，因此天主教文化的反抗运动最早在意大利兴起。当时意大利的市民和世俗知识分子，对于天主教的特权地位和禁欲主义极度厌恶，但是苦于没有成熟的文化体系可以取代天主教信仰，因此他们将自己的文化主张通过古希腊、古罗马的文化形式表达出来，这就是“文艺复兴”。

文艺复兴运动的核心就是“人文主义精神”，即提倡人性，反对神性，主张人生的目的是追求现实生活中的幸福，倡导个性解放，反对愚昧迷信的神学思想。人文主义思想的兴起，充分肯定了人对美好生活的追求，认为人有权利去追求富裕的生活、真挚的感情和其他一切美好的愿望，这对当时的人们来说无异于一次精神领域的解放。

每课金句

走自己的路，让别人说去吧！

——但丁

作品赏析

《神曲》是但丁写于1307年到1321年的长诗，全诗分《地狱》《炼狱》《天堂》三部分，共一百歌。诗中叙述了这样一个故事：诗人但丁在“人生旅程的中途”迷失在黑暗的森林里，黎明时分，被一豹、一狮、一狼拦住去路。危急时刻，古罗马诗人维吉尔受但丁的恋人贝阿特丽切所托，搭救了但丁，并带他游历地狱和炼狱，最后由贝阿特丽切带领但丁游历了天堂。以下是节选自《地狱》篇的一段诗歌。

饕餮者（节选）

我已到了第三圈，
那里下着永恒的，可诅咒的，寒冷的大雨；
它的法则和本质从来不变。
巨大的冰雹，混浊的水和雪从那昏暗的天空向下倾倒；
承受着的土地发出一阵臭气。
塞比猡[①]，一只凶猛的怪兽，有着三个喉咙，
像狗一样地对着那些浸没在水里的幽魂狂吠。
他的两眼发红，他的胡须油腻而发黑，
他的肚腹阔大，他的双手有爪；
他抓住那些阴魂，把他们剥皮，撕裂。
大雨使得他们像狗一般吠叫；
他们用身体的一边掩盖另一边；
他们不时转动身体，这些不敬神的恶鬼。
当那巨物塞比猡看见我们时，

①塞比猡是希腊神话中有三个头的像狗一般的巨大怪物，守卫着地狱界的入口。在这里，但丁把它当作贪吃的典型。

他张开他的大口，露出了长牙：
他的肢体只是不肯安静。
我的导师张开两掌抓起了泥土，
就把满满的两把泥土向他的贪食无餍（yàn）的咽喉投进。
如同吠叫着求乞的狗在咬到食物时变得没有声音，
只是使着劲拼命把它吞下：
那有着腌臜（ā zā）面孔的恶魔塞比罗就像这样，
他向那些幽魂大发雷霆，他们但愿耳朵聋掉。

阅读理解

1. 《神曲》是__________（国别）的著名诗人__________的代表作品，恩格斯对他的评价是____。
2. 给下列加点字注音。

   混浊（　　　）　　　　吠叫（　　　）
3. 本选段开头的环境描写起到了什么作用？

   ____

   ____
4. 诗人通过哪些方面来描写塞比罗？请各举一例。

   ____

   ____

   ____
5. 仔细阅读诗句，说说诗人刻画了怎样一个塞比罗的形象。

   ____

   ____

   ____

【赏 析】

《神曲·地狱》篇共有三十四歌，描述了九层地狱的不同场景。《饕餮者》是第六歌的内容，描写但丁在第三层地狱的所见所闻。第三层地狱聚集了人间的贪食者，他们在这里接受惩罚。他们除了要忍受寒冷的大雨、巨大的冰雹、混浊的水和从土地里散发出来的臭气之外，有意思的是，但丁还让他们不得不面对一个可怕的怪兽——塞比猡。塞比猡是希腊神话中有三个头、像狗一般的巨大怪物。它相貌恐怖，性格凶猛，三个喉咙代表它极其贪吃。但丁极力渲染塞比猡的凶残和贪食者的恐惧，仿佛是在告诉人们，如果你生前贪吃，那么死后，你的灵魂将来到地狱，经受这样的折磨。

拓展阅读

文艺复兴时期的完美代表——达·芬奇

文艺复兴时期的意大利涌现出一大批杰出的艺术家，其中艺术方面的代表是被称为“艺术三杰”的达·芬奇、米开朗琪罗和拉斐尔。其中，达·芬奇又被誉为文艺复兴时期的完美代表，他是世界上唯一一位肖像画作能和照片媲美的画家。

达·芬奇（1452年—1519年）出生于意大利北部的芬奇村。他可以说是一位全才，绘画、雕塑、音乐、科学发明无一不精。现代学者称他为“文艺复兴时期最完美的代表”，他的代表作《蒙娜丽莎》是罗浮宫的三件镇馆之宝之一。

达·芬奇能在多领域取得如此令人瞩目的成就，这和他对待科学的态度是分不开的。当时，人们对待前人留下的知识的态度就是盲目迷信，只认准书本上的教条。达·芬奇主张：“实践应以好的理论为基础。”他创造的实验工作方法为后来的牛顿、爱因斯坦等人指明了方向。

达·芬奇作品不仅质量高，而且数量也极多，他留下了大量的手稿，到现在人们将其复原出来仍然感到惊奇。他之所以能如此高产，这和他左右手都能书写有着密切关系，很大一部分书稿都是他用左手书写，后人借助镜子的反射才能看出其中的细微差别。

第11讲 塞万提斯

知识背景

米盖尔·德·塞万提斯·萨阿维德拉是文艺复兴时期西班牙杰出的现实主义作家，欧洲人文主义文学的主要代表。西班牙语文学领域中的最高奖项就是用他的名字命名，即塞万提斯奖。

塞万提斯的代表作《堂·吉诃德》是文艺复兴时期的现实主义巨作，被称为文学史上第一部现代小说。在四百年后的今天，它仍被诺贝尔文学院评选为人类史上最优秀的虚构作品。这本书是初中阶段的重要阅读名著之一。德国大诗人海涅对这部作品给予了高度评价，他的《读〈堂·吉诃德〉》被选入语文版九年级下册教材。

重点难点

1. 了解中世纪的骑士制度和在塞万提斯生活的时代，骑士文学泛滥成灾的社会现象。
2. 掌握与塞万提斯相关的文学知识。
3. 品读选文《堂·吉诃德大战“绵羊大军”》（节选），感受小说中的讽刺意味。

著作推荐

1. 书目推荐：《堂·吉诃德》（青少版），塞万提斯著，赵春香主编，北方妇女儿童出版社。
2. 影视推荐：《堂·吉诃德外传》，何塞·波素导演，2008年。

人物名片

米盖尔·德·塞万提斯·萨阿维德拉（1547年—1616年）

文艺复兴时期西班牙著名作家，被誉为“西班牙文学世界里最伟大的作家”。他的代表作《堂·吉诃德》是欧洲最早的长篇现实主义小说之一，被评论家们称为“文学史上的第一部现代小说”。

代表作有《堂·吉诃德》《玻璃硕士》。

1571年	24岁	参加勒班陀战役，左手在战斗中被打残，被称作“勒班陀的独手人”。
1575年	28岁	战争结束，归国途中被俘，五年后才回到祖国。
1605年	58岁	《堂·吉诃德》第一部分出版，一年之内再版六次。
1607年	60岁	《堂·吉诃德》被译成欧洲几种主要语言。
1615年	68岁	《堂·吉诃德》第二部分出版。
1616年	69岁	塞万提斯在马德里病逝。

课前漫画

这是堂·吉诃德大战“巨人”风车的故事。从漫画来看，堂·吉诃德实属一个夸张滑稽的闹剧角色，是一个十足的冒险家。

知识链接

塞万提斯——生命的斗士

塞万提斯出生在一个贫困的家庭，虽然他从小聪明伶俐，却无法接受更多的教育。为了努力生存，他从事过各种各样的职业，经历了常人难以忍受的艰难，却始终没有放弃。

1570年，20多岁的塞万提斯满怀爱国热情加入步兵团，在战斗中英勇奋战。一次海战中，他的左手在战斗中被打残。带着残疾的左手，他坚持回到了前线，一直战斗了5年。

战争结束之后，塞万提斯受到了皇家奖励，本以为终于可以顺利回家了，却在回国的途中被阿尔及利亚的海盗俘虏，在监狱里过着非人的奴隶生活。不甘放弃的塞万提斯，组织了四次越狱，然而都失败了，5年之后才被家人赎出，回到祖国。

1587年，由于生活太过穷困，塞万提斯接受了一个军队粮管员的职务，但是却麻烦不断。由于得罪了乡绅，他被诬陷渎职，接二连三被关进监狱。出狱之后，塞万提斯为了生存，做过生意中间人，沿街贩卖过布匹，为卖唱的乞丐编写过歌词……

祸不单行，在无法摆脱贫穷的同时，塞万提斯还不断惹上麻烦。有一次，他出于善心救治了一个被打伤的贵族青年，不巧这个青年竟然因重伤死了，做了好事反而惹下祸端，作为杀人嫌疑犯，塞万提斯再一次被捕入狱，甚至牵连了妹妹和女儿。虽然最后无罪释放，却给生活造成了更大的困境。

但是，各种各样的挫折，穷困潦倒的生活，不仅没有压垮塞万提斯，还激发了他更强烈的创作欲望，年近六十时写下了举世闻名的《堂·吉诃德》。

每课金句

我感到塞万提斯的小说，真是一个令人愉快又使人深受教益的宝库。

——大仲马

作品赏析

《堂·吉诃德》是一部讽刺骑士文学的小说。主人公堂·吉诃德是个没落的绅士地主，因看骑士小说入迷，自命为游侠骑士，要周游世界去锄强扶弱，维护正义与公道，他说服同村的农民桑丘当他的侍从，并将邻村的农家女孩臆想为他的意中人，开始了他的冒险旅程……

堂·吉诃德大战“绵羊大军”（节选）

堂·吉诃德和侍从一边走，一边说着话，忽见前面大阵尘土滚滚而来，就对桑丘说：“桑丘啊，今天是我命里注定要交好运的日子！我告诉你，今天不比往日，我要大显身手呢，我今天的一番作为是要青史留传，永垂不朽的。桑丘，你瞧见前面卷起了一片尘土吗？数不清的民族组成了浩浩荡荡的一支大军，正向这里开发；这阵尘土就是他们翻腾起来的。”

桑丘说：“照这么说，该有两支军队呢，因为后面照样也起了这么一阵尘土。”堂·吉诃德回头一看，果然不错，喜得心花怒放；他拿定这是两支军队，开到这片旷野里来交锋打仗的。原来他脑筋里时刻想着游侠小说里讲的那些打仗呀、魔术呀、冒险呀、奇迹呀、恋爱呀、决斗呀等等，他说的、想的、干的全都是这路子的事。其实他看见的尘土是道路两头赶来的两大群羊掀起的；羊给尘土遮掩了，没到近前还看不清楚。堂·吉诃德一口咬定是两支军队，桑丘也就信以为真，说道：“先生啊，那咱们怎么办呢？”

堂·吉诃德说：“怎么办？扶弱锄强啊！我告诉你，桑丘，迎面来的军队是大皇帝阿利芳法隆率领的，他的领土是广大的忒拉玻巴纳岛；我背后来的是他仇敌咖拉曼塔斯国王的军队，他名叫卷袖的潘塔坡林，因为他跟人家打架的时候常露着一条右胳膊。”

桑丘问道：“那么，两位国王干吗结下这等深仇呢？”

堂·吉诃德说：“他们结仇有个缘故。阿利芳法隆是凶狠的异教徒，他爱上了潘塔坡林的女儿。那位公主很美，而且很文雅，她是基督徒；她父亲不愿意把她嫁给异教的国王，除非他背弃了教主穆罕默德，改信基督教。”

桑丘说：“我凭自己的胡子发誓，潘塔坡林很有道理呀！我得尽力帮他的忙。”

堂·吉诃德说：“你这样就是尽本分了，桑丘，不封骑士，也能参与这种打仗。”

桑丘答道：“这个我也懂得。可是咱们把这头毛驴寄放在什么地方，打完仗才稳稳地找得到呢？骑着这种牲口去打仗，只怕从来没这个规矩。”

堂·吉诃德说：“这话不错。你最好还是随它去，走失不走失瞧它的运气。咱们打了胜仗，可以到手不知多少马匹，就连驽骍（nǔ xīng）难得（堂·吉诃德的马的名字）也保不定要换掉呢。我现在要把两支军队里的主将向你介绍一番，你留心听着，也留心瞧着。那边山坡上一定看得见这两支军队，咱们退到那里去，你可以观察得更仔细些。”

他们过去站在一个小山头上。堂·吉诃德当作军队的两群羊要是没有给掀起的尘雾遮盖住，山头上看得很清楚。可是那些看不见而且并不存在的东西在堂·吉诃德想象里却历历如睹。他高声说：“那边一位骑士穿一身火黄铠甲，盾牌上画着一只戴王冠的狮子蹲伏在一位小姐脚边，那是英勇的银桥大王拉乌尔咖尔果。那一位铠甲上有一朵朵金花，盾牌是天蓝色的底子，上面有三只银子的王冠：那是吉罗夏的大公，威武的米果果兰博……”

他就这样随着自己的奇情异想，把臆造的两军将领一一举出姓名，还顺口诌出各人的铠甲、颜色、徽章和标语。他滔滔不绝地说：“前面的这支军队是由许多民族组成的。有喝著名的顸（hān）托河甜水的人；有玛西琉山地上来来往往的人；有在阿拉伯乐土筛取金沙的人；有……”

天啊！他说了那么多的地名，举出了那么多的民族！还一口气顺顺溜溜把各民族的特色都说出来。原来他读了那些谎话连篇的书，整个人都浸透在里面了。桑丘眼睁睁地听着，一声不言语，有时东张张、西望望，看有没有他主人指名道姓的骑士和巨人。他什么也没瞧见，就说：“先生，您讲的什么骑士，什么巨人，真是活见鬼，一个都没有啊——至少我没看见啊，大概就像那晚上的鬼一样，都是魔术变出来的。”

堂·吉诃德说：“你怎么说这话呀？你没听见萧萧马嘶、悠悠角声、咚咚鼓响吗？”

桑丘答道：“我只听得公羊母羊的叫声，没听见别的。”

这倒是真的，因为那两群羊已经走近来了。

堂·吉诃德说：“桑丘，你心上害怕，所以看不准，也听不准。惧怕的一个效果就是叫你感觉错乱，觉察不到事物的真相。你要是害怕得紧，你就躲过一边去，撇我一人在这里吧；单我一个人，就可以左右两军的胜负。”

他一面说，一面踢动驽骍难得，托定长枪，一道电光似的直冲下山坡去。

桑丘大声喊住他，叫嚷说：“堂·吉诃德先生，您回来！我对天发誓，您冲杀到羊群里去了！您回来！我的亲爸爸都倒足了霉呀！您这是发什么疯啊？您瞧瞧，这里没有巨人，没有骑士，没有猫，没有徽章，没有杂色或一色的盾牌，也没有图案上的银铃、蓝铃和见鬼的铃。我真倒霉呀！您这是干什么呀？”

堂·吉诃德并不回头，只高声叫道：“哙！骑士们！谁投在卷袖的潘塔坡林大帝旗下作战的，都跟我来！你们可以瞧瞧，我毫不费力，就能降伏他的敌人阿利芳法隆·台·拉·忒拉坡巴纳。”

他一面说，一面冲进羊群，举枪乱刺，那股猛劲儿，好像真在刺杀他的宿世冤家呢。看羊的牧人大声喝住他，可是看来喝不住，就解下弹弓，把拳头大的石子向他耳边弹来。堂·吉诃德并不理会这些石子，却左冲右突，嘴里喊道：“不可一世的阿利芳法隆，你在哪里？你跑来！我是单枪匹马的骑士，只为你欺负了英勇的潘塔坡林·咖拉曼塔，我要惩罚你，跟你一对一地较量武力，送你的性命呢！”

正说着，一颗石子飞来打在他肋上，把两根肋骨打得陷进肉里去。他遭了毒手，断定自己不送命也受了重伤……

阅读理解

1. 塞万提斯，文艺复兴时期______（国别）著名作家，被称为__________。

2. 《堂·吉诃德》是一部讽刺____________的小说，主人公____________，是一个悲剧性与喜剧性结合的人物。

3. 给下列加点字注音。

   臆造（　　　）　　降服（　　　　）　　喝住（　　　）

4. 文中加点字部分是作者塞万提斯直面读者，对堂·吉诃德直接做出的主观评价，他是如何评价堂·吉诃德的？他如此评价的目的又是什么？

5. 从堂·吉诃德和他的侍从桑丘的对话中，你能看出两人性格有什么不同吗？试着说说。

【赏 析】

主人公堂·吉诃德是一个具有正义感但是精神失常、举止疯癫的人，他出身于一个没落的小地主家庭，不满当时黑暗的社会现实，但又没有能力改变，因此痴迷骑士文学，幻想自己有朝一日可以重整纲常、重振乾坤，并且赢得贵夫人的爱情。书中写道："这个瘦削的、面带愁容的小贵族，由于爱读骑士文学，入了迷，竟然骑上一匹瘦弱的老马'驽骍难得'，找到了一柄生了锈的长矛，戴着破了洞的头盔，要去当游侠，锄强扶弱，为人民打抱不平。他雇了附近的农民桑丘·潘沙做侍从，骑了驴儿跟在后面。堂·吉诃德又把邻村的一个挤奶姑娘想象为他的女主人，给她取了名字叫杜尔西内雅。"选段表现的是他将一群绵羊当作"敌人"，与之"激战"，最后自己伤痕累累的故事，体现了人物本身荒唐特征的同时，也显示出骑士文学对人民思想的荼毒，并且揭露了当时中下层人民不满社会现实又找不到出路的苦闷状态。

拓展阅读

骑士精神与骑士小说

骑士最早起源于十一世纪，最早是职业军人，他们被认为是最忠诚、最勇敢的人，肩负着保护人民的使命。成为骑士必须要拥有一套武器和战马，但是这些装备费用却十分昂贵，有学者研究过，一名骑士的装备超过了22头公牛的价格。就连作为"贵族"的堂·吉诃德，也只能使用祖先留下的生锈的盔甲，用纸壳修补头盔，骑一匹瘦得皮包骨头的战马。

后来随着历史的发展，骑士的身份逐渐固定化，并拥有世袭的特权，教会对骑士的信念和精神要求也越来越严格，出现了"骑士精神"，比如"谦卑、荣誉、牺牲、英勇、怜悯、诚实、公正"等优秀品质。

骑士小说的主题大多都是反映这些骑士阶层的生活理想，那就是为了捍卫爱情、荣誉或宗教而显示出的冒险的游侠精神。小说中的主人公游侠骑士，往往被写成见义勇为、锄强扶弱、英勇善战、举世无敌。骑士小说的精神内涵早期表现出了较多的积极意义。但是骑士们的冒险事业中，除了保护领主和国土，还要效忠和保卫女主人——贵妇人。女主人在骑士心目中是最神圣的，能为自己“心爱的贵妇人”去冒险取胜，博得贵妇人的欢心，成了骑士最大的荣誉。这也成为许多骑士小说的主要内容。

后来骑士小说泛滥成灾，情节相似，内容庸俗，都是虚构一个英勇无比的骑士，经历数不清的惊险遭遇，遇上说不清的爱情纠葛，为国王、为贵族去拼命，而最后总能大获全胜，获得贵妇人的爱情，使许多人也沉湎在这种小说中不能自拔。塞万提斯创作的《堂·吉诃德》采用讽刺夸张的艺术手法，通过塑造堂·吉诃德这个经典人物，“把骑士文学的地盘完全摧毁”。

第12讲 莎士比亚

知识背景

威廉·莎士比亚是文艺复兴时期英国伟大的人文主义作家，他的创作代表了文艺复兴时期欧洲人文主义文学的最高成就。几百年来，他的名声与日俱增，被人们誉为世界文学史上最著名的戏剧家和文豪作家。

莎士比亚的代表作，如《哈姆雷特》《罗密欧与朱丽叶》等都家喻户晓。他的《威尼斯商人》通过对资产阶级早期社会矛盾的刻画，塑造了夏洛克这一唯利是图的商人形象，并使之成为世界四大吝啬鬼之一。该作品还被选入了人教版和苏教版九年级下册语文教材。

重点难点

1. 了解莎士比亚的生平经历，掌握相关文学知识。
2. 熟悉莎士比亚的代表作品。
3. 品读选文《威尼斯商人》（节选），分析主要人物的性格特点。

著作推荐

1. 书目推荐：《威尼斯商人》，莎士比亚著，陆章编译，南海出版公司，2015年。
2. 影视推荐：《仲夏夜之梦》，1981年。

人物名片

威廉·莎士比亚（1564 年—1616 年）

文艺复兴时期英国伟大的剧作家、诗人，人文主义文学的集大成者。他一生笔耕不辍，留下了37部戏剧、154首十四行诗、2首长叙事诗。他的戏剧情节跌宕起伏、语言富于个性化、充分反映当时的社会生活，被翻译成多种语言，且长年上演，经久不衰，欧美世界的演员们都以能出演莎翁的作品为最高目标。

代表作有悲剧《哈姆雷特》《奥赛罗》《李尔王》《麦克白》，喜剧《仲夏夜之梦》《威尼斯商人》，正剧《罗密欧与朱丽叶》等。

1564年	出生	出生于英国中部瓦维克郡埃文河畔斯特拉特福一个富裕的市民家庭。
1582年	18岁	与一位农民的女儿结婚。
1586年	22岁	来到伦敦，对戏剧发生浓厚兴趣，开始着手改写剧本。
1594年	30岁	发表著名剧作《罗密欧与朱丽叶》。
1601年	37岁	发表著名悲剧《哈姆莱特》。
1616年	52岁	因病去世在故乡，葬于圣三一教堂。

课前漫画

漫画中的夏洛克可真是狠，非要割别人的肉，幸亏机智的法官想出了割肉不能流血的法子，这是莎士比亚经典名作《威尼斯商人》中的经典场景，今天就让我们来一起看看双方的斗智斗勇吧！

知识链接

莎士比亚的四大悲剧

在中国传统的文学作品中，大团圆式的结局是最常见的，甚至在本是悲剧的故事里，我们常常也可以看到一个有着浪漫主义色彩的喜剧结局。而在西方，悲剧则被许多人认为是一种最高的文学形式。对于悲剧，鲁迅先生曾经给出了一个定义：“将人生有价值的东西毁灭给人看。”这一点在莎士比亚流传后世的四大悲剧里，都有非常突出的表现。

莎士比亚的四大悲剧包括《哈姆雷特》《李尔王》《奥赛罗》和《麦克白》。《哈姆雷特》的主人公丹麦王子哈姆雷特的父亲被叔父所杀，母亲改嫁，决心复仇的主人公最终手刃仇人，却也失去了自己年轻的生命。《李尔王》里老国王被两个虚伪的女儿所驱逐，善良的小女儿带兵出征，却落得个战败的结局。《奥赛罗》里的黑人将军冲破世俗与心爱的白人女孩成婚，却听信了奸人的谗言，掐死了妻子，最终自杀身亡。《麦克白》的主人公为夺取和巩固王位杀戮无度，最终众叛亲离，落得身首异处的下场。

一部真正优秀的悲剧绝不是单纯地为悲而悲，它还应该包含对于人性、生命、万物、宇宙的思考与探索。莎士比亚的悲剧，做到了这一点。

每课金句

三百年来，思想家迷蒙，凝视他（莎士比亚），惊愕，那是一切的归宿，那是人类心灵深处的一座山峰。

——维克多·雨果

作品赏析

《威尼斯商人》是莎士比亚早期重要的代表作，也是其四大喜剧之一。主人公威尼斯富商安东尼奥为了成全好友的婚事，向犹太人夏洛克借债。吝啬的夏洛克与安东尼奥约定，如果到期不能还钱就从他胸口割下一磅肉抵账。十分不巧，安东尼奥的商船失事，没有能力还钱。小人得志的夏洛克立刻到法庭去告他，要他割肉抵账。为救安东尼奥的性命，好友的未婚妻鲍西娅假扮法官出庭，运用智慧，使夏洛克最后反而倒了大霉。选文讲的就是在法庭上鲍西娅做出巧妙审判的部分。

威尼斯商人（节选）

夏洛克：博学多才的法官！判得好！来，预备！

鲍西娅：且慢，还有别的话哩。这约上并没有允许你取他的一滴血，只是写明着“一磅肉”；所以你可以照约拿一磅肉去，可是在割肉的时候，要是流下一滴基督徒的血，你的土地财产，按照威尼斯的法律，就要全部充公。

葛莱西安诺：啊，公平正直的法官！听着，犹太人；啊，博学多才的法官！

夏洛克：法律上是这样说吗？

鲍西娅：你自己可以去查查明白。既然你要求公道，我就给你公道，而且比你所要求的更公道。

葛莱西安诺：啊，博学多才的法官！听着，犹太人；好一个博学多才的法官！

夏洛克：那么我愿意接受还款；照约上的数目三倍还我，放了那基督徒。

巴萨尼奥：钱在这儿。

鲍西娅：别忙！这犹太人必须得到绝对的公道。别忙！他除了照约处罚以外，不能接受其他的赔偿。

葛莱西安诺：啊，犹太人！一个公平正直的法官，一个博学多才的法官！

鲍西娅：所以你准备着动手割肉吧。不准流一滴血，也不准割得超过或是不足一磅的重量；要是你割下来的肉，比一磅略微轻一点或是重一点，即使相差只有一丝一毫，或者仅仅一根汗毛之微，就要把你抵命，你的财产全部充公。

葛莱西安诺：一个再世的但尼尔（传说中以色列的著名法官），一个但尼尔，犹太人！现在你可掉在我的手里了，你这异教徒！

鲍西娅：那犹太人为什么还不动手？

夏洛克：把我的本钱还我，放我去吧。

巴萨尼奥：钱我已经预备好在这儿，你拿去吧。

鲍西娅：他已经当庭拒绝过了；我们现在只能给他公道，让他履行原约。

葛莱西安诺：好一个但尼尔，一个再世的但尼尔！谢谢你，犹太人，你教会我说这句话。

夏洛克：难道我单单拿回我的本钱都不成吗？

鲍西娅：犹太人，除了冒着你自己生命的危险割下那一磅肉以外，你不能拿一个钱。

夏洛克：好，那么魔鬼保佑他去享用吧！我不打这场官司了。

鲍西娅：等一等，犹太人，法律上还有一点牵涉你。威尼斯的法律规定：凡是一个异邦人企图用直接或间接手段，谋害任何公民，查明确有实据者，他的财产的半数应当归受害的一方所有，其余的半数没入公库，犯罪者的生命悉听公爵处置，他人不得过问。你现在刚巧陷入这个法网，因为根据事实的发展，已经足以证明你确有运用直接或间接手段，危害被告生命的企图，所以你已经遭逢着我刚才所说起的那种危险了。快快跪下来，请公爵开恩吧。

葛莱西安诺：求公爵开恩，让你自己去寻死吧；可是你的财产现在充了公，一根绳子也买不起啦，所以还是要让公家破费把你吊死。

公爵：让你瞧瞧我们基督徒的精神，你虽然没有向我开口，我自动饶恕了你的死罪。你的财产一半划归安东尼奥，还有一半没入公库；要是你能够诚心悔过，也许还可以减处你一笔较轻的罚款。

鲍西娅：这是说没入公库的那部分，不是说划归安东尼奥的那部分。

夏洛克：不，把我的生命连着财产一起拿了去吧，我不要你们的宽恕。你们拿掉了支撑房子的柱子，就是拆了我的房子；你们夺去了我的养家活命的根本，就是活活要了我的命。

【阅读理解】

1. 在莎士比亚的喜剧《威尼斯商人》中，出现的一个经典吝啬鬼形象是____________。

2. 从本段文字来看，夏洛克是怎样一个人？

____

____

3. 葛莱西安诺多次重复夏洛克的“一个再世的但尼尔，一个但尼尔，犹太人！”这句话，有什么表达作用？

____

____

____

4. 鲍西娅是怎样解决这场冲突的？从文章中我们可以看出鲍西娅有哪些性格特点？

____

____

____

5. “犹太人”“异邦人”“异教徒”，众人这么称呼夏洛克，你能从中发现当时怎样的社会现实？

【赏 析】

选文是戏剧《威尼斯商人》的最后一幕，虽然是全剧最后一幕，但却是高潮迭出、冲突集中的一场戏，这场戏描写了威尼斯法庭审判夏洛克与安东尼奥之间的“割一磅肉”的契约纠纷案件，这一案件以夏洛克的败诉并受到惩罚而告终。

通过对这场诉讼的描写，作者揭露了以夏洛克为代表的高利贷者自私自利、冷酷无情的丑恶嘴脸，并且赞美了鲍西亚等人文主义者的仁爱思想，和他们有勇有谋的美好品质。此剧中的高利贷者夏洛克也成为后世极端吝啬者的代表，与莫里哀《悭吝人》中的阿巴贡、巴尔扎克《欧也妮·葛朗台》中的葛朗台、果戈理《死魂灵》中的泼留希金一起被称为西方“四大吝啬鬼”。

拓展阅读

黄金时代

在莎士比亚的戏剧中，君主常常是以一种反面形象示人的，这在他所处的王权至上的封建社会时期本是大不敬的。然而，当时的英国女王——伊丽莎白一世却对此持十分宽容的态度，甚至当演员表演《哈姆雷特》时说出“女人，你的名字就是脆弱！”这句话时，女王依然可以安然地坐在剧院的

包厢里看戏。

伊丽莎白一世的统治时斯被史学界称为“黄金时代”。在她的统治下，英格兰逐渐发展成为当时欧洲最强大的国家之一。由于她宽容开放的政策，在此期间英格兰的文化发展也达到了一个顶峰，涌现出了诸如莎士比亚、弗朗西斯·培根这样的著名人物。

宽容与开放，成就了伊丽莎白一世时期的“黄金时代”，也成就了泱泱大唐的百年繁荣。今天，我们再回望中华民族五千年的发展，唐朝，这个充满了传奇的朝代，即使在星光熠熠的历史长河中亦难掩光辉。唐太宗李世民重用谏臣魏征，以人为镜明得失；科举制的建立和不断完善，让更多的下层知识分子进入了统治中心……宽容开放的盛唐，文气、剑气、豪气与傲气并存的盛唐，留给后世太多难以复制的传说。诗仙李白，便是其中杰出的代表。“燕山雪花大如席，片片吹落轩辕台”“黄河之水天上来，奔流到海不复回”“仰天大笑出门去，我辈岂是蓬蒿人”，与处在“黄金时代”的莎士比亚相比，李太白留给我们的或许更多。

国兴则文学兴，宽容与开放的政策，铸就了文学发展的“黄金时代”。

第13讲 卢梭

知识背景

卢梭是法国十八世纪伟大的启蒙思想家、哲学家、教育家、文学家。启蒙思想家中最富有民主思想的代表人物，是法国最富于民主精神、对后世影响最大的启蒙思想家、作家。他猛烈批判了私有制度和社会不平等，提出“返回自然”的口号和建立资产阶级民主共和国的学说。卢梭逝世后，人民群众自发地把他的骨灰安葬在伟人公墓中。

卢梭的《社会契约论》成为法国《人权宣言》和美国《独立宣言》的思想先导，教育小说《爱弥儿》被全世界各国教育家们尊奉为教育学者必读著作。

重点难点

1. 了解时代背景，理解卢梭深刻的思想追求。
2. 感受卢梭的写作风格，理解他对浪漫主义创作的影响。
3. 赏析《忏悔录》节选，感受童年卢梭的真实与可爱。

著作推荐

1. 篇目推荐：《论科学与艺术》，卢梭著，何兆武译，上海人民出版社。
2. 书目推荐：《孤独漫步者的遐想》，卢梭著，钱培鑫译，译林出版社。

人物名片

卢梭（1712年—1778年）

十八世纪法国大革命的思想先驱，启蒙运动最卓越的代表人物之一，十九世纪欧洲浪漫主义文学的先驱。他强力批判落后的旧制度，为资产阶级推翻封建专制提供了强大的思想武器。

代表作品有《爱弥儿》《社会契约论》《忏悔录》等。

1712年	出生	出生于日内瓦一个钟表匠家庭。
1728年	16岁	离开日内瓦，开始流浪。
1749年	37岁	参与《百科全书》的撰写。
1750年	38岁	凭借《论科学与艺术》一举成名。
1761年	49岁	发表《新爱洛绮丝》，轰动巴黎。
1778年	66岁	在贫困潦倒中去世。

课前漫画

歌剧大作成功上演后，卢梭却拒绝了国王的赏赐，仅仅是怕浪费时间吗？还是另有隐情？赶紧走进今天的学习吧……

知识链接

欧洲启蒙运动

在文艺复兴运动之后，启蒙运动也于十八世纪从法国兴起，继而在整个欧洲轰轰烈烈地发展了起来，这是欧洲的第二次思想解放运动。与我们之前学过的提倡个性解放的文艺复兴运动相比，启蒙运动更加注重人人平等的社会地位，反对封建专制与宗教的压迫。

启蒙运动期间涌现了众多伟大的思想家，卢梭无疑是其中最富代表性的人物。作为最激进的民主主义者，他否定封建王权的合法性，描绘了资产阶级共和政体的蓝图，这些直接影响了美国政治制度的建立。

被投入监狱的国王路易十六在读了启蒙思想家的著作后，感叹道："原来是卢梭和伏尔泰毁了法国。"

伏尔泰，被誉为启蒙运动中最伟大的"旗手"，是"欧洲的良心"。因此后人又把十八世纪称为"伏尔泰的世纪"。他出生在巴黎一个富裕家庭，他父亲本来希望他将来做个法官，可是他却对文学产生了浓厚的兴趣。长大后的伏尔泰不仅在文学方面取得了很大成就，在思想领域更是成就辉煌。伏尔泰对教会的统治十分反感，他把教皇比作"两只脚的禽兽"，把教士称作"文明的恶棍"，说天主教就是"一些狡猾的人布置的一个最可耻的骗人罗网"。从这些话语中，伏尔泰厌恶教会的思想可见一斑。不过，伏尔泰只是反对压迫人民的天主教，对"上帝"却是认同的。他曾说："即使没有上帝，也要造出一个上帝来。"因为"上帝"的存在可以帮助人们去掉恶习。

站在启蒙运动的立场来看，伏尔泰与卢梭两人的思想是很相像的。但奇怪的是，两人却做了一辈子的"敌人"。他们不仅在著作方面互相攻击（伏尔泰曾把卢梭的著作批为"反人类的新著"），后来更发展到了人身攻击（伏尔泰骂卢梭是"疯子"，卢梭称伏尔泰是"流浪汉"）。两个人就这样互相仇视，互相攻击，至死不息。

每课金句

卢梭是“第二个牛顿”，牛顿的功绩在于完成了外界自然的科学，而卢梭则完成了人的内在宇宙的科学。

——康德

作品赏析

很多写自传的人，名为自述，实为自赞，往往把自己写成他所希望的那样，而不是他实际上的那样。虽然也讲自己的缺点和罪恶，却把它们写得相当可爱。然而卢俊自传性质的《忏悔录》却是恰恰相反，他在书中真诚地坦白了自己的很多“罪恶”。下面的选文讲的就是他小时候和伙伴一起做了一条暗沟，偷偷从邻居那里引水浇树的故事。

忏悔录（节选）

院门外边，进口处左侧有一片土台，下午大家常到那里去闲坐，但那里一点儿荫凉也没有。为了使它能有点荫凉，朗拜尔西埃先生叫人在那里栽了一棵胡桃树。栽这棵树时仪式相当隆重，我们两个寄宿生做了这棵树的教父。人们往坑里填土的时候，我们每人用一只手扶着树，唱着凯歌。为了便于浇水，在树根周围还砌了个池子。我和我的表兄每天都兴致勃勃地看着人们浇水，我们天真地确信：在这土台上栽一棵树比在敌人堡垒的墙缝上插一面旗帜还要伟大；因此我们俩决心取得这种光荣，而不让任何人分享。

为此，我们砍来一根嫩柳树枝子，也把它栽在土台上，离那棵雄伟的胡桃树大约有3米。我们也没忘了在我们那棵小树根下围起一个池子。困难的是没有水往里浇，因为水源离得相当远，人家又不许我们跑去提水。但是我们的柳树非浇水不可，因此，那几天我们想出种种诡计来给它浇水，成绩果然不坏，我们亲眼看到它发了芽，长出嫩叶来。我们不时地量一量叶子长了多大。尽管全树大约1米高，但我们确信它不久便会给我们荫凉的。

这棵小树占据了我们的整个心灵，弄得我们干什么也不能专心，一点儿书也念不下去，我们简直就像发了疯。人们不了解我们在跟谁斗气，只好对我们管束得比以前更严了。我们到了真正缺水浇的严重时刻了，眼看着小树要干死，心里实在难受。于是急中生智，我们想出了一个窍门，能保证小树和我们免于一死，那就是在地底下掘一条小暗沟，把浇胡桃树的水给小柳树暗暗引过来一部分。我们积极地执行了这项措施，但是起初并未成功。我们把那条沟的斜坡做得太不合适，水根本不流，土往下坍，把小沟给堵死了，入口处又塞满了一些脏东西，一切都不顺利。但是我们并不灰心。我们又把小沟和小柳树根下的池子挖深了一些，让水容易流过来。我们把小箱子的底劈成小窄木板，先用一些一条接着一条地平铺在沟里，然后又用一些斜放在沟的两侧，做成了一个三角形的水道。在入口处插上一排细木棍，棍与棍之间留有空隙，好像一种铁算子或澡盆里的放水孔，可以挡住泥沙石块，而又能使水流得通畅。我们非常仔细地把这项工程用土盖好，并且把土踩平。

全部完工的那一天，我们怀着希望和恐惧交织在一起的紧张心情等待着浇水时刻的到来。好像等了有几世纪之久，这个时刻终于来到了。朗拜尔西埃先生跟往常一样，来参加这项工作；在浇水的时候，我们俩老站在他身后，以便掩护那棵小柳树；最侥幸的是，他始终是背对着树，没有转过身来。

头一桶水刚刚浇完，我们就看见水流到我们树的池子里。看到这种情景，我们忘掉了谨慎，不由得欢呼起来，朗拜尔西埃先生因此回过头来，这一下可糟糕了！他刚才看到胡桃树底下的泥土大量吸收水分，认为是土质好，心里非常快活；此时，他忽然发觉水分到两个池子里去了，不禁吃了一惊，也大叫起来。他仔细一瞧，看破了诡计，立刻叫人拿来一把大镐，一镐下去，我们的木板就飞起了两三片，他大声喊道：“一条地下水道！一条地下水道！”他毫不留情地把各处都给刨了，每刨一下都刨到我们的心上。一刹那间，木板、水沟、池子、小柳树，全都完了，全都被刨得稀烂。在这一段可怕的破坏工作中，他什么话也没说，只是不停地叫着“地下水道”。他一面喊着：“地下水道！地下水道！”一面破坏着一切。

有人也许会想，这件事情必然会给小建筑师们带来不幸，但他想错了，全部事件到此为止。朗拜尔西埃先生并没有说一句责备我们的话，也没有给我们脸色看，也再没跟我们提这件事；甚至过了一会儿，我们还听见他在他妹妹跟前哈哈大笑，他的笑声老远就能听得见。更怪的是，我们除了起初有点惊慌，也没有觉得太难过。我们在别处又栽了一棵树，我们也常常提起第一棵树的悲剧，一提起来我们俩就像背诵文章似的叫道：“一条下水道！一条下水道！”

阅读理解

1. 给下列加点字注音。

砌（　　）　呗（　　）　坍（　　）　铁蓖子（　　）

2. 卢梭和表兄为什么这么执着地想要种一棵小树？

____

____

3. 为什么全部完工的那一天，我们怀着“希望和恐惧交织在一起的紧张心情”呢？

____

____

____

4. 卢梭和表哥都为小树做了哪些事？

5. 朗拜尔西埃先生发现孩子们的暗道后有哪些反应？你觉得他是一个怎样的人？

【赏　析】

名人传记，可以分为自传和他传两种，一般来说传记多少会存在美化传主的情况。但是卢梭的自传却不是如此，他敢于披露自己不为人知且不体面的一面，由此进行深刻的自我剖析，留给世人更多的感触和思考。不得不说，自我反省是一种认真对待人生的态度。

文中节选部分是卢梭充满深情回忆自己和表兄偷挖下水道种树的事情，不难看出小卢梭对那棵树的执着和喜爱。他和表兄费尽心思，挖通下水道，并做好掩护，就在成功的那一刻暴露了，可想而知，他们内心是多么的狂喜继而又是多么的黯然，心理描写翔实且到位，让读者跟随他们的心境而心生悲喜。

拓展阅读

不可不知的欧洲学徒制

卢梭作为启蒙运动最为卓越的代表之一，他却没有受过系统性的教育。

由于家庭条件所限，无法上学，父亲只能送小卢梭去当学徒，先是跟随一名公证人，后是跟随一名雕刻师。早年的学徒经历，让他充分地了解了社会现实，对平等和公平产生了思考。

所谓的学徒制度，是产生于欧洲中世纪的一种独特的职业学习制度，它以传承手工艺技术、培养熟练的手工业者为基本宗旨，是教育传承的重要方式。当时除了皇室家族，其他社会各个阶层家庭的儿童，都要早早离开家庭，开始学徒生涯。

学徒制以契约关系为纽带，将师傅和学徒牢牢捆绑在一起，十五世纪英国四成以上的学徒要签订8年的学徒合约，其他的合约时间要更长一些。学徒作为师傅家庭中的一员，需要向师傅支付一定的酬金，并且服从师傅的管教，提供无偿劳动，以此来获得手工业技术。学徒出师之后可以升级为“帮工”，和师傅之间的关系就成了雇佣关系，可以获得报酬。帮工是学徒成为师傅的必经阶段，在此期间可以积累经验和资金。

不光是男孩，女孩也必须成为学徒，不同的是女孩一辈子也没有成为本行业师傅的机会，嫁人后的她们还可以继续从事本行业，但是无权招收学徒。学徒制一方面改变了这些童工的命运、传承了教育，但一方面也摧残着他们的成长。

作为“世界三大短篇小说家”之一的契诃夫，早年虽然没有当过学徒，但是他家的杂货店里有两个小学徒，经常遭受他父亲的虐待，使得他自小就了解学徒的生活，对学徒充满了同情。他的短篇小说《凡卡》就反映了学徒的悲惨生活。圣诞节的前夜，小凡卡趁着老板夫妇和师傅们外出祷告的时候偷偷给爷爷写信。故事中的凡卡没有父母，唯一的亲人便是年迈的爷爷。由于生活的贫困，小凡卡被爷爷送到城里的一个鞋匠家里当学徒。小凡卡在鞋匠家扮演着很多角色，他要干很多的活：晚上帮着老板看孩子，白天帮老板家打杂，时不时地还要被伙计们呼来喊去。总之凡卡在这里受尽了折磨，折磨到凡卡写信请求爷爷将他带走，脱离苦海。但遗憾的是，凡卡在最后没有写清楚收件人的地址，爷爷根本不可能收到信。而他自己还不知道这一点，心中只有美好的憧憬，在睡梦中还看到了爷爷和厨娘。

第14讲 歌 德

知识背景

约翰·沃尔夫冈·冯·歌德是德国最伟大的作家之一，也是世界文学的杰出代表人物，恩格斯甚至曾经把他和黑格尔并提，称“歌德和黑格尔各在自己的领域中都是奥林匹斯山上的宙斯”。歌德一生创作了大量的戏剧、诗歌、散文和小说等作品，其中诗剧《浮士德》与荷马的《荷马史诗》、但丁的《神曲》和莎士比亚的《哈姆雷特》并称为欧洲文学的四大古典名著，对世界文学影响深远。

歌德的诗歌《二裂银杏叶》被选入苏教版八年级下册语文教材。

重点难点

1. 了解歌德的生平及其在世界文坛上的重要地位。
2. 了解《浮士德》故事概况，感受浮士德“勇于追求，永不言弃”的精神。
3. 赏析《少年维特之烦恼》（节选），感受维特纯真执拗、独立不羁的性格特点，以及对自由的渴望和向往。

著作推荐

1. 书目推荐：《少年维特之烦恼》，天津人民出版社。
2. 影视推荐：《浮士德》，F. W. 茂瑙导演，1926年。

人物名片

约翰·沃尔夫冈·冯·歌德（1749 年—1832 年）

十八世纪中叶到十九世纪初德国著名的戏剧家、诗人、思想家，德国古典文学的代表，他的创作把德国文学提高到全欧的先进水平，并对欧洲文学的发展做出了巨大的贡献。

代表作有书信体小说《少年维特之烦恼》，长篇诗剧《浮士德》等。

1749年	出生	出生于法兰克福镇的一个富裕的市民家庭。
1773年	24岁	创作戏剧《葛兹·冯·伯利欣根》，从此蜚声德国文坛。
1774年	25岁	发表了《少年维特之烦恼》，名声大噪。
1776年	27岁	开始为魏玛公国服务，获得了更多的政治任务。
1831年	82岁	完成《浮士德》，并被列为欧洲文学的四大古典名著之一。
1832年	83岁	因病与世长辞。

课前漫画

年近七十的歌德竟然凭着自己的记忆，用手挨个儿抚摸那些颅骨而辨认出席勒。为了能和挚友长期相伴，他把席勒的颅骨捧回家中安放，后来歌德去世，两人就葬在了一起。

知识链接

歌德与席勒

古今中外流传着许许多多有关友谊的感人故事。我们可能会为伯牙子期的知音之交、廉颇相如的刎颈之交、刘关张的生死之交所触动，还可能会感慨于马克思和恩格斯的惺惺相惜，然而正如漫画所呈现的那样，歌德与席勒之间的伟大友情，也是一部令人惊叹的传奇。

席勒是德国文学史上地位仅次于歌德的伟大作家，两人最早在思想上的碰撞始于席勒的大学时代。在军事学院上学期间，席勒第一次接触到了歌德的作品，由此坚定地走上了文学创作的道路。1787年，已经颇有名气的席勒前往魏玛公国，却苦于得不到官位。幸好当时歌德已经在魏玛担任大臣职务，最后多亏歌德出面帮忙，席勒才顺利得到了耶拿大学历史教授的席位。

也正因为两人在文学思想上有很多共同之处，在他们的很多作品中都能看到对方的影子。甚至在两人的诗集中还能看到一些相同的诗，这是怎么一回事呢？原来啊，有许多诗句是他们俩在一起合作写出的。有时候歌德想出一个意思，席勒把它写成了优美的诗句，有时情况又正相反；还有的时候席勒写出了第一句，歌德完成第二句。用歌德自己的话说，这里怎么能有他二人彼此之分呢？这种在文学创作上共同合作的故事，真可谓文学史上一段美谈佳话。

歌德与席勒相遇后十年的相处与合作把德国古典文学推向高峰。无奈天妒英才，1805年，不到50岁的席勒英年早逝了。歌德为此痛苦万分：“我失去了席勒，也失去了我生命的一半。”

每课金句

歌德是站在奥林匹斯山上的宙斯。

——恩格斯

作品赏析

《少年维特之烦恼》出版于1774年，是歌德早年时期最重要的作品，它震撼了整整一代德国青年的心灵，在德国及整个欧洲引起巨大的反响。《少年维特之烦恼》篇幅不长，完全由书信体构成。主人公是出身富裕之家的维特，他厌倦于上层社会浮华无实的生活，于是决心离家到乡下去寻找新生活。此后，他得到过幸福也经历过困扰，最终因不幸的恋爱经历和在社会上屡受挫折而绝望自杀。选文部分讲的是维特怀揣梦想刚刚来到乡下时的情景。

少年维特之烦恼（节选）

五月十五日

本地的老百姓已认识我，也喜欢我，尤其是孩子们。我刚认识他们时，常常客气地问这问那，有些人以为我想嘲弄他们，十分粗暴地打发我走。对此我并不气恼，倒是对一种早已有所察觉的问题有了活生生的体会：凡是有点地位的人，总对普通老百姓持冷漠疏远态度，似乎一接近就会丧失什么；又有些可厌的轻薄之辈装出一副纡尊降贵的模样，却让贫苦百姓更感到他们的傲慢。

我很清楚存在着不平等，也不可能平等。但是我坚信，那种认为必须疏远所谓贱民以保持高贵的人，恰恰可以斥为懦夫，因为他害怕被击败而躲避敌人。

我最近一次去井泉时遇到了一个年轻女仆，她把水罐搁在最低一级台阶后便四处张望，但愿有女伴来帮她把水罐放上头顶。我走下台阶，望着她说：“我帮你好吗，姑娘？”她顿时涨红了脸。“噢，不要，先生！”她回答。“不用客气。”她把垫环摆正，我放上水罐。她道谢后登上石阶走了。

五月二十六日

你一向熟知我的脾性，但凡见到合乎心意的地点就会筑起我的小窝，一切不便统统置之度外。我在这里也发现了一处吸引我的地点。

那地方叫瓦尔海姆，离城约有一小时路程，坐落在一座景色宜人的山冈上，人们只要走上通往村子的小路，整个山谷便呈现眼前。饭馆的女主人是位亲切殷勤的老太太，给我送来了葡萄酒、啤酒和咖啡。而最令我欣喜的是两棵大菩提树，它们那宽宽展开的树枝用绿荫覆盖了教堂前的小小广场，周围是农舍、谷仓和场院。如此幽静可爱的地方实在少见，我便把饭馆的小桌子和椅子搬出来，在树荫下喝我的咖啡，读我的荷马。我第一次偶然在一个阳光明媚的午后来到菩提树下，发现这儿十分僻静。人们都下农田去了，只有一个4岁光景的男孩坐在场地上，胸前拥着另一个半岁左右坐在他膝间的男孩，他用双臂和胸膛给弟弟做了一把安乐椅。他一动不动静静坐着，一双黑眼睛却那么活泼灵动地环顾四周。我被这景象迷住了，便坐在他们对面的一张犁把上，兴致勃勃地描绘着这一幅兄弟友爱的情景。我还添上了近旁的篱笆、仓门和几个破车轮，一切都依照它们原来所在的位置、顺序。一个钟点以后，一幅布局妥帖、趣味盎然的素描便画成了，一丝一毫都未掺入我自己的任何东西。这次经历加强了我日后与大自然协调一致的决心。唯有自然是无限丰富的，唯有自然才能够造就伟大的艺术家。人们可以举出规章法令的许多好处，正像人们可以赞誉称颂市民社会种种好处一样。一个信奉上述原则的人决不会有什么出格的荒唐事，就像一个遵纪守法的市民绝不会是坏邻居或者无赖流氓；与此同时，不管人们怎么说，这一切规章法则却也恰恰破坏了人们对自然的真实感受和真实表达方法！你可能会说：“你讲得太严厉了！一切规章不过是约束约束、剪剪枝蔓而已。”等等。我的好朋友，要不要给你做个譬喻？恋爱就是实例。一个青年爱上了一位姑娘，整日厮守在她身边，耗尽了他的全部精力和财产，只为时刻向她表示自己的倾心爱慕之情。这时候出现了一个市侩气十足的小公务员之类人物，规劝他说：“年轻人啊！恋爱是人之常情，所以也必须爱得合乎常情！分配一下你的时间，一部分用于工作，休息时间去谈恋爱。计算一下你的财产，除去生活必需费用之外，我不反对你用多余的钱买点礼物送她，只是不要太频繁，在她的生日和命名日送点儿就够了。”倘若他听从劝告，世上就增添一个有用青年，我愿意向任何一个国君推荐他担任一官半职。不过他的爱情也就完结了，如果他是个艺术家，那么艺术也就完结了。噢，我的朋友们，为什么天才的激流如此难以冲开堤堰，难以奔腾澎湃，掀起巨潮，以震撼你们惊异的灵魂？亲爱的朋友们，那是因为河岸两边居住着头脑冷静的绅士们，他们懂得防止可能摧毁自己别墅、郁金香花坛和苗圃的未来危险，早已及时筑起了堤坝和渠沟。

【阅读理解】

1. 给下列加点字注音。

绿荫（　　）　枝蔓（　　）　殷勤（　　）　苗圃（　　）

2. 维特刚到乡下后，当地百姓是如何对待他的？为什么？

______

______

______

3. 仔细阅读第二封书信，是什么增强了维特“遵循自然的决心”？

4. 读了这两封书信，你觉得维特是一个怎样的少年？

【赏　析】

选文节选了《少年维特之烦恼》前半部分的两篇书信，讲述的是维特怀揣梦想刚刚来到乡下时的情景。维特刚来到乡下时，大家并不欢迎他，对他也很不友善，因为人们觉得像维特这样的富家子弟和他们不是同一个阶层的人，他靠近他们就是为了显示自己的优越性，甚至是为了取笑他们，所以人们总会粗暴地将维特打发走。后来，维特在瓦尔海姆一间酒店外的菩提树下，看见了兄弟两人相互依偎着安静地坐在一起的场景，不禁被这样和谐的景象吸引了，动起笔来，勾勒出一幅兄弟友爱的素描画作，自然协调，美不胜收。从选文中我们不难看出维特是一个崇尚自由、平等，纯真执拗，又富有才情的少年。

拓展阅读

最伟大的德国人

2005年11月28日晚，由德国电视二台举办的“最伟大的德国人”评选活动终于有了结果。据报道，总计有300多万人参与投票，在进入最后一轮选举前，先选出了100个最伟大的德国人，然后再一轮一轮从后往前排，选出最后10位。选出的这10位伟人中有记者、作家、演员、音乐家、宗教人士和政治家等。名列第一的是二战后德意志联邦共和国的第一任总理康拉德·阿登纳，十五世纪末十六世纪初德国宗教改革家马丁·路德位居第二，科学社会主义的创始人卡尔·马克思名列第三，而歌德名列第七。

康拉德·阿登纳是一位跨世纪的人物，他经历了德意志帝国、魏玛共和国、第三帝国和联邦德国4个重大历史时期，政治生涯长达57年。在他的领导下，二战后的德国在政治上从一个任人宰割的战败国到重新获得主权，进而成为西方国家的一个平等伙伴：在经济上平复了战争创伤，创造了德国的经济奇迹。

阿登纳年少时读书非常刻苦，为了增加学习时间，他甚至在寒冷的夜里把双脚放在冰水桶里以保持头脑清醒，这正与我们熟知的悬梁刺股的故事有惊人的相似。他当市长时，有一次，他的司机开车不小心与电车相撞。阿登纳从破损的汽车中爬出来，满脸是血，镇静地向医院走去，而只受了点轻伤的司机却被人用担架抬走了。这样一位坚毅、冷静、沉着的铁腕人物凭借他的魄力和智慧，带领德国从二战后的落魄走向繁荣。作为德国公认的最杰出的总理，德国现代史上已经深深打上了他的印记，人们甚至把那段历史称为“阿登纳时期”。

第15讲 雨果

知识背景

维克多·雨果是法国十九世纪前期浪漫主义文学的代表作家，伟大的诗人、剧作家、小说家和著名的社会活动家，被人们称为“法兰西的莎士比亚”。雨果的文艺理论主张和多方面的创作实践，使他成为当时法国浪漫主义文学运动的领袖。

雨果的许多作品被选入中小学语文教材：《“诺曼底”号遇难记》被选入北师大版五年级上册；《就英法联军远征中国给巴特勒上尉的信》被选入人教版八年级上册；《纪念伏尔泰逝世一百周年的演说》被选入人教版九年级上册。

重点难点

1. 了解十九世纪法国贫富差距悬殊的社会现实及其在《悲惨世界》中的体现。
2. 了解雨果的生平及其人道主义精神。
3. 品读选文《悲惨世界》，感受当时人民的悲苦生活以及雨果的语言风格。

著作推荐

1. 书目推荐：《巴黎圣母院》，雨果著，李玉民译，上海文艺出版社。
2. 影视推荐：《悲惨世界》，汤姆·霍伯导演，休·杰克曼等主演。

人物名片

维克多·雨果（1802年—1885年）

法国浪漫主义文学运动的领袖，人道主义的代表人物，伟大的诗人、剧作家、小说家和著名的社会活动家。拿破仑三世称帝后，他因反对帝制，被迫流亡海外长达二十年之久，在此期间完成了著名长篇小说《悲惨世界》，揭露了法国社会的贫富差距，以及底层人民的悲惨生活。

代表作品有《巴黎圣母院》《海上劳工》《悲惨世界》《九三年》等。

1802年	出生	雨果出生于法国一个军官家庭。
1823年	21岁	他与缪塞、大仲马等人组成“第二文社”，创作风格逐渐转向浪漫主义。
1827年	24岁	为剧本《克伦威尔》写了长篇序言，提出了浪漫主义的文学主张。
1861年	59岁	写了《就英法联军远征中国给巴特勒上尉的信》，痛斥英法联军焚毁圆明园的恶行。
1862年	60岁	长篇小说《悲惨世界》问世，轰动文坛。
1885年	83岁	雨果与世长辞。举行国葬，遗体被安葬在专门安葬伟人的先贤祠内。

课前漫画

漫画中的丑八怪就是《巴黎圣母院》中的卡西莫多，尽管他外表丑陋，却有着善良的心，是真善美的代表。

知识链接

美丑对照原则

“丑就在美的旁边，畸形靠近着优美，丑怪藏在崇高的背后，恶与善并存，黑暗与光明相共。”这就是雨果1827年在《克伦威尔序》中提出的著名的“美丑对照原则”，而《巴黎圣母院》的创作正是践行了这一原则。

作者在《巴黎圣母院》中，精心设置了一个完整的人物形象的对比体系，其中的三位主人公本身就构成一个很完美的美丑对比。

女主人公爱丝梅拉达是美与善的化身，她不仅外表美丽，而且心地善良、品格坚贞。对于误入乞丐王国的诗人甘果瓦，她挺身而出，挽救了他的生命。当绑架过她的卡西莫多受刑时，爱丝梅拉达不计前嫌把甘甜的清水送到他嘴边。

钟楼怪人卡西莫多则是文学史上数一数二的“丑八怪”：几何形的脸，四面体的鼻子，马蹄形的嘴，参差不齐的牙齿，独眼，耳聋，驼背……但这样丑陋的外表下隐藏的却是一颗善良、正义的心。他一次又一次地用生命保卫着爱丝梅拉达。最后当爱丝梅拉达被绞死，他也看清了养父的丑恶嘴脸，悲愤交加的他抱着爱丝梅拉达的尸体消失在人们的视线里。

小说中另一个重要人物弗比斯，凭借英俊潇洒、温柔浪漫的外表骗取了爱丝梅拉达的感情。然而在这样美好的外表下，实际却隐藏着一颗无比丑陋的心。爱丝梅拉达临死前向他求救的时候，他竟狠心地转过身去和别的女人继续谈情说爱。

正如雨果所说：“有高山必有深谷，如果用山峰来填平深谷，那么，就只会剩下荒原和旷野，没有阿尔卑斯山了，只有沙布龙平原，没有雄鹰了，只有百灵鸟。”这些美与丑的对比、善与恶的对照使人物的性格特征更加鲜明，人物形象也更加复杂、深刻。《巴黎圣母院》之所以魅力永存的秘密，恐怕也正在于此吧！

每课金句

在文学界和艺术界的所有伟人中，他是唯一活在法兰西人民心中的伟人。

——罗曼·罗兰

作品赏析

《悲惨世界》是雨果于1862年发表的第一部大型浪漫主义小说。故事中一个名叫冉·阿让的青年为了给饥饿的孩子偷一块面包而被捕入狱，受到19年的牢狱之灾。出狱后的他被一位好心的主教所感化，决心做一个善良的人。他隐姓埋名，经过一番奋斗，成了人人爱戴的富翁和镇长，并收养了一个可怜的小女孩。这个小女孩被妈妈寄养在一间小酒馆中，过着十分悲惨的生活。选文讲的就是冉·阿让受女孩妈妈所托去小酒馆接回小女孩时的情景。

悲惨世界（节选）

珂赛特的恐惧心情竟达到了这样一种程度：她回到家里，浑身透湿，却不敢到火旁去烤干衣服，而只是一声不响地走去干她的活。

这个八岁孩子的眼神常是那么愁闷，有时还那么凄楚，以致某些时刻，她看起来好像正在变成一个白痴或是一个妖怪。

…………

那个穿黄大衣的人一直望着珂赛特，眼睛不曾离开过她。

德纳第大娘忽然喊道：

“我想起了！面包呢？”

珂赛特每次听到德纳第大娘提高了嗓子，总赶忙从那桌子下面钻出来，现在她也照例赶忙钻了出来。

她早已把那面包忘得一干二净了。她只得采用那些经常在惊骇中度日的孩子的应付办法：撒谎。

“太太，面包店已经关了门。”

“你应当敲门呀。”

“我敲过了，太太。”

“敲后怎么样呢？”

“他不开。”

“是真是假，我明天会知道的。”德纳第大娘说，“要是你说谎，看我不抽到你乱蹦乱跳。等着，先把那十五苏还来。”

珂赛特把她的手插到围裙袋里，脸色变得铁青。那个值十五苏的钱已经不在了。

“怎么回事！”德纳第大娘说，“你听到我的话没有？”

珂赛特把那口袋翻过来看，什么也没有。那钱到什么地方去了呢？可怜的孩子一句话也说不出来。她吓呆了。

“那十五个苏你丢了吗？”德纳第大娘暴跳如雷，“还是你想骗我的钱？”

同时她伸手去取挂在壁炉边的那条皮鞭。

这一骇人的姿势使珂赛特叫喊得很响：

“饶了我！太太！太太！我不敢了。”

德纳第大娘已经取下了那条皮鞭。

这时，那个穿黄大衣的人在他背心的口袋里掏了一下，别人都没有看见他这一动作，其他的客人都正在喝酒或是玩纸牌，什么也没有注意到。

珂赛特，心惊肉跳，蜷缩在壁炉角落里，只想把她那露在短袖短裙外的肢体藏起来。德纳第大娘举起了胳膊。“对不起，大嫂。”那人说，“刚才我看见有个东西从小姑娘的围裙袋里掉出来，在地上滚。也许就是那钱了。”

同时他弯下腰，好像在地上找了一阵。

"没错，在这儿了。"他立起来说。

他把一枚银币递给德纳第大娘。

"对，就是它。"她说。

不是它，因为那是一枚值二十苏的钱，不过德纳第大娘却因此占了便宜。她把那钱塞进衣袋，横着眼对孩子说："下次可不准你再这样，绝对不可以！"

珂赛特又回到她的老地方，也就是德纳第大娘叫作"她的窠"的那地方。

…………

这时，有扇门开了，爱潘妮和阿兹玛走了进来。

那确是两个漂亮的小姑娘……

她们走去坐在火旁边。她们有个娃娃，她们把它放在膝上，转过来又转过去，嘴里叽叽喳喳，有说有笑。珂赛特的眼睛不时离开毛活，凄惨惨地望着她们玩。

爱潘妮和阿兹玛都不望珂赛特。在她们看来，那好像只是一条狗。……

德纳第姊妹俩的那个娃娃已经很破很旧，颜色也褪尽了，可是在珂赛特的眼里，却并不因此而显得不可爱。

…………

珂赛特忽然不唱了。她刚才回转头，一下子发现了小德纳第的那个娃娃，先头她们在玩猫时，把它抛弃在那切菜桌子旁边了。

她用膝头和手从桌子底下爬出来，再张望一遍，知道没有人监视她，便连忙溜到那娃娃旁边，一手抓了过来。……抚弄娃娃的幸福对她来说，确是绝无仅有的，所以一时竟感到极强烈的陶醉。

除了那个慢慢吃着素饭的客人以外，谁也没有看见她。

那种欢乐延续了将近一刻钟。

但是，尽管珂赛特十分注意，她却没有发现那娃娃有只脚"现了形”，壁炉里的火光早已把它照得雪亮了。那只突出在黑影外面显得耀眼的粉红脚，突然引起了阿兹玛的注意，她向爱潘妮说：“你瞧！姐！”

那两个小姑娘呆住了，为之骇然。珂赛特竟敢动那娃娃！

爱潘妮立起来，仍旧抱着猫，走到她母亲身旁去扯她的裙子。

“不要吵！”她母亲说，“你又来找我干什么？”

“妈。”那孩子说，“你瞧嘛！”

同时她用手指着珂赛特。

珂赛特完全沉浸在那种占有所引起的心醉神迷的状态中，什么也看不见，什么也听不见了。

从德纳第大娘脸上表现出来的是那种明知无事却又大惊小怪、使妇女立即转为恶魔的特别表情。

这一次，她那受过创伤的自尊心使她更加无法抑制自己的愤怒了。珂赛特行为失检，珂赛特亵渎了“小姐们”的娃娃。

俄罗斯女皇看见农奴偷试皇太子的大蓝佩带，也不见得会有另外一副面孔。

她猛吼一声，声音完全被愤怒梗住了：

“珂赛特！”

珂赛特吓了一跳，以为地塌下去了。她转回头。

“珂赛特！”德纳第大娘又叫了一声。

珂赛特把那娃娃轻轻放在地上，神情虔敬而沮丧。她的眼睛仍旧望着它，她叉起双手，并且，对那样年纪的孩子来说也真使人寒心，她还叉着双手的手指拗来拗去，这之后，她哭起来了，她在那一整天里受到的折磨，如树林里跑进跑出，水桶的重压，丢了的钱，打到身边的皮鞭，甚至从德纳第大娘口中听到的那些伤心话，这些都不曾使她哭出来，现在她却伤心地痛哭起来了。

这时，那陌生客人立起来了。

“什么事？”他问德纳第大娘。

“您瞧不见吗？”德纳第大娘指着那躺在珂赛特脚旁的罪证说。

“那又怎么样呢？”那人又问。

“这贱丫头。”德纳第大娘回答说，“好大胆，她动了孩子们的娃娃！”

“为了这一点事就要大叫大嚷！”那个人说，“她玩了那娃娃又怎么样呢？”

“她用她那脏手臭手碰了它！”德纳第大娘紧接着说。

这时，珂赛特哭得更悲伤了。

“不许哭！”德纳第大娘大吼一声。

那人直冲到临街的大门边，开了门，出去了。

他刚出去，德纳第大娘趁他不在，对准桌子底下狠狠地给了珂赛特一脚尖，踢得那孩子连声惨叫。

大门又开了，那人也回来了，双手捧着我们先头谈过的、全村小把戏都瞻仰了一整天的那个仙女似的娃娃，把它立在珂赛特的面前，说：

“你的，这给你。”

…………

珂赛特抬起眼睛，看见那人带来的那个娃娃，就好像看见他捧着太阳向她走来似的，她听见了那从来不曾听见过的话：“这给你。”她望望他，又望望那娃娃，她随即慢慢往后退，紧紧缩到桌子底下墙角里躲起来。

她不再哭，也不再叫，仿佛也不敢再呼吸。

德纳第大娘、爱潘妮、阿兹玛都像木头人似的呆住了。那些喝酒的人也都停了下来。整间店寂静无声。

那客店老板反反复复地仔细端详那玩偶和那客人，他仿佛是在嗅那人，嗅到了一袋银子似的。那不过是一刹那间的事。他走近他女人的身边，低声对她说：

“那玩意儿至少值三十法郎。傻事干不得。快低声下气好好伺候他。”

…………

“怎么哪，珂赛特！你怎么还不来拿你的娃娃？”德纳第大娘说，她极力想让说话的声音显得柔和，其实那声音里充满了泼辣妇人的又酸又甜的滋味。

珂赛特，半信半疑。从她那洞里钻了出来。

“我的小珂赛特，”德纳第老板也带着一种不胜怜爱的神气跟着说，“这位先生给你一个娃娃。快来拿。它是你的。”

【阅读理解】

1. 给下列加点字注音。

珂赛特（　　）　开窍（　　）　哀号（　　）　惊讶（　　）

2. 文章开头德纳第太太明明只给了珂赛特十五苏，冉·阿让还给她二十苏的时候，德纳第太太却说正是这些钱，这是为什么？反映出德纳第太太是个什么样的人？

3. 仔细阅读文中画线句，德纳第太太对珂赛特的态度前后为什么会有这么大的变化？

4. 冉·阿让挺身而出为珂赛特解围，从中可以看出他是一个什么样的人？

5. 冉·阿让为什么不一开始就认领珂赛特而是要等到她挨打之后？

【赏 析】

选文主要围绕珂赛特受到的虐待展开，通过对德纳第太太对珂赛特的毒打来体现当时儿童的悲惨生活。

珂赛特是女工芳汀的女儿，芳汀为了挣钱养活她，不能把她留在身边，只好忍痛将其托付给在小镇上开酒馆的德纳第夫妇，自己则日夜辛苦劳作，将绝大部分钱寄给酒馆老板，希望他们能善待自己的女儿。但是，珂赛特没有享受过一天无忧无虑的童年生活，反而小小年纪就成为女佣，整天埋头干活，而母亲芳汀每次寄来的钱几乎全被酒馆老板拿来打扮自己的亲生女儿。文中珂赛特就因为弄丢了15苏硬币和抱了一下老板女儿的旧娃娃而遭到了两次毒打，并且从珂赛特瑟瑟发抖的动作和神情来看，这并不是她第一次遭受毒打，这正反映出了珂赛特悲苦的童年生活，揭露了酒馆老板的丑恶嘴脸。

拓展阅读

雨果的人道主义思想

聚焦雨果人物名片，我们便会发现雨果被认为是“人道主义代表人物”。何谓“人道主义”？简单来说，就是人们常说的慈悲心；严格来讲，人道主义起源于欧洲文艺复兴时期，坚持人人平等，提倡关怀人、爱护人、尊重人，主张以人为本。回顾雨果生平及其创作，不难发现，他的一生几乎都在为社会底层人们的悲惨生活而奔走呼号。正如他临死前对自己的创作的总结：“我在我的小说、剧本、散文和诗歌中向权贵和铁石心肠的人呼吁，替小人物和不幸的人鸣不平，恢复了小丑、听差、苦役犯的做人权利。”

在他的众多作品中，最能让中国人体会到他的人道主义精神的莫过于他那篇义正词严的《就英法联军远征中国给巴特勒上尉的信》，为昔日贫弱的中国人民呼喊、谴责英法联军对人类文明进行大肆掠夺、破坏的行为，成为英法联军火烧圆明园的唯一文字证据。他写道：“有一天，两个强盗闯进了圆明园。一个强盗大肆劫惊，另一个强盗纵火焚烧。这两个强盗一个叫法国，另一个叫英国。法兰西帝国从这次胜利中获得了一半赃物，我渴望有朝一日法国能够摆脱重负，清洗罪恶，把这些财物归还被劫的中国。”1860年，英法联军攻占北京，火烧圆明园，大火持续三天三夜。第二年，雨果便写信给他参战的朋友巴特勒上尉，痛斥英法联军的恶行。

圆明园的损失是无法用数字来衡量的。自康熙赐花园给四阿哥胤禛（即后来的雍正皇帝）并将其命名为“圆明园”开始，直到被英法联军焚毁，这座花园一直都处在扩建、改建的过程中。五代皇帝倾举国财力一直建造并经营长达150多年的成果，在三天三夜的大火中化为乌有……

在火烧圆明园150周年之际，雨果的雕像于2010年10月16日下午正式入驻圆明园，被安置在大水法遗址东侧约五十米处，以感谢他正义的人道主义精神。

第16讲 大仲马

知识背景

亚力山大·仲马是法国十九世纪伟大的浪漫主义作家之一，他一生笔耕不辍，著作达300卷之多，被誉为“通俗小说之王”。他的小说和剧作中的故事大都发生在真实的历史背景中，情节曲折生动，惊险回环。2002年，在大仲马逝世132年后，他的遗体终于被移入法国的先贤祠，标志着他的成就终于得到了法国官方的认可。

《基督山伯爵》和《三个火枪手》是大仲马最为成功的两部长篇小说，两者都多次被翻拍为电影，关于它们的讨论也经久不衰。尤其是《基督山伯爵》，被公认为世界通俗小说中的扛鼎之作。

重点难点

1. 了解十九世纪法国的社会现实。
2. 了解大仲马的生平及其创作《基督山伯爵》的背景。
3. 品读选文《基督山伯爵》，感受大仲马的语言风格和作品特点。

著作推荐

1. 书目推荐：《基督山伯爵》（青少版），大仲马著，赵春香主编，北方妇女儿童出版社。
2. 影视推荐：《三个火枪手》，保罗·安德森执导，2011年。

人物名片

亚历山大·仲马（1802年—1870年）

人称大仲马，法国十九世纪浪漫主义作家。他自学成才，著作达三百卷之多，以小说和戏剧著称于世。2002年，在大仲马去世132年后，他的遗体被移入法国先贤祠。

代表作品有《三个火枪手》《基督山伯爵》《王后的项链》等。

1823年	21岁	大仲马只身来到巴黎，动笔撰写剧本《亨利三世》。
1824年	22岁	儿子出世，取名亚历山大·仲马，即日后蜚声文坛的小仲马。
1829年	27岁	巴黎大剧院首演《亨利三世》，法国文学评论家认为这是大仲马最优秀的剧作。
1840年	38岁	开始在报刊上连载《基督山伯爵》。
1844年	42岁	著名长篇小说《三个火枪手》问世。
2002年		去世一百三十二年后，遗骸被移入法国先贤祠。

课前漫画

一次意外的相撞，撞出了凡尔纳的文学创作之路。凡尔纳的成功很大程度上要归功于大仲马的慧眼识才和悉心教导。

知识链接

通俗小说之王——大仲马

亚历山大·仲马，即大仲马，于1802年7月24日出生，是十九世纪法国浪漫主义作家之一，因著作《基督山伯爵》《三个火枪手》等作品为大家熟识。大仲马自学成才，一生笔耕不辍，他的小说大都以真实的历史为背景，情节生动曲折，出人意料，有历史惊险小说之称，小说结构清晰，多以对话形式展开介绍，语言活泼有力，对话灵活机智，因此，大仲马也被后人誉为“通俗小说之王”。

大仲马笔下的小说，在真实的历史背景中加入大胆的虚构和想象，对历史的追求也不再是真实和客观，而是以娱乐为主要目的。正是因为他独特的创作理念，使他在当时的法国收获无数拥趸，备受追捧。大仲马在通俗历史叙事小说的创作领域取得的成绩是毋庸置疑的，但他在法国文学史上却不享有崇高的地位，这也是因为他在创作的过程中，将历史进行了通俗化描写，在原本真实却枯燥的历史中加入了虚构却有趣的描写，而这与追求客观真实的再现历史的史学目标是迥然不同的，也注定了他无法在法国的文学史上占有一席之地。

尽管大仲马的历史叙事小说常常由于为所欲为地随意改变历史事件的真实性而遭受非议，但众多的读者都是从阅读大仲马的历史叙事小说开始，了解法国历史上的重大历史事件和法国历史的交替变更的。

即使在大仲马逝世一百多年后的今天，他对历史的写作手法仍然对小说创作者有着深远的影响，他是当之无愧的通俗小说之王。

每课金句

直至上帝揭露人的未来图景的那一天以前，人类的一切智慧就包含在这四个字里面：“等待”和“希望”。

——大仲马

作品赏析

《基督山伯爵》以引人入胜的故事情节和精湛完善的艺术技巧讲述了一个复仇的故事。主人公唐泰斯年纪轻轻就当上了船长，而且即将与未婚妻完婚，可谓是春风得意。唐格拉尔觊觎唐泰斯的船长之位，费尔南嫉恨唐泰斯夺去了自己的意中人，法官维尔福只顾自己的前途。三人合谋一起将唐泰斯投入死牢。唐泰斯在神父的帮助下从监狱逃脱，获得了巨大的财富。他以基督山伯爵的名义进行了复仇，给了三个人应有的惩罚。选文就是唐泰斯到名叫基督山的小岛上找到宝藏的过程。

基督山伯爵（节选）

唐泰斯还没吃过东西，不过在这样的时刻，是没有时间坐下来用餐的，他灌了一口朗姆酒，再回到岩洞时已经充满了信心。

刚才他还觉得十字镐异常之沉，现在却又变得轻巧了，他提起它如同手握一杆鹅毛笔，重新带劲地干了起来。

抡了几镐头之后，他发现石头根本没有封牢，只是一块块摞起来的，在外面涂了一层我们说的那种涂料；他在其中的一条缝里嵌进十字镐的尖头，再使劲地压镐柄，欣喜地看到石块落到了他的脚下。

这样唐泰斯只需用十字镐的铁牙把石头一块块啃下来就行了，每一块

石头一次落到前一块的旁边。

洞一打开，唐泰斯本来是能钻进去的。可是，多等一会儿，就可以多抱一会儿希望，推迟一会儿证实这希望的破灭。

因此，唐泰斯又略略迟疑了片刻，然后才从第一个洞窟进入到第二个洞窟里。

第二个岩洞比第一个矮些、暗些，形状也更为可怖些；空气只能从刚刚开启的洞口进入，洞内散发着恶臭，唐泰斯奇怪何以在第一个岩洞里没有闻到这种气味。

唐泰斯等了一会儿，让外面的空气把这股死尸般的恶臭冲淡一些，然后便走了进去。

在洞口的左面，有一个幽深而阴暗的角落。

不过，我们介绍过了，对唐泰斯的眼睛来说，是无黑暗可言的。

他用目光探测了第二个洞窟，它像第一个一样空空如也。

珍宝如果存在的话，一定埋藏在那个阴暗的角落里。

激动不安的时刻到了：再挖两尺土，唐泰斯是极乐还是极悲就可见分晓了。

他向那个角落走去，仿佛突然间下定决心似的，大胆地猛击地面。

十字镐凿了五六下，铁镐在另一块铁上震响。

对听到这声音的人来说，悲伤的警钟或战栗的丧钟也从未能产生同样的效果。即使唐泰斯一无所获，他的脸色肯定也不会比此刻更加苍白。

他在刚才试探处的旁边又凿了一下，虽然同样有东西挡着，但声音却不同。

“这是一个包铁皮条的木箱子。”他说道。

此时，一个黑影在亮光处急速地掠过。

唐泰斯放下十字镐，抓起枪，爬出洞口，向洞外冲去。

是一只野山羊在岩洞第一个洞口上方跃过，正在不远处啃草。

这倒是饱餐一顿的绝好机会，但唐泰斯担心枪声会惊动什么人。

他思考了一下，砍断一根含树脂的枝丫，在方才走私贩子做饭的余火上点着了树枝，拿着这跟火把又折了回来。

他不愿在待会儿搜索时漏掉任何一个细节。

他把火把移近不成形状，尚未掘成的洞，发现他没猜错：他的十字镐先后凿在铁皮和木头上。

他把火把竖在地上，开始工作。

不一会儿，将近三尺长两尺宽的一块地方已经扫清，唐泰斯看到了一个箍着一圈铁皮的橡木箱子。在箱盖的中间，在一块泥土尚未侵蚀的银牌上，斯帕达家族的纹章在闪闪发光，也就是像意大利盾形纹章那样，在一块椭圆形盾牌上直竖着一柄宝剑，盾牌之上又有一顶红衣主教的高帽。

唐泰斯一眼便认出来了，因为法里亚神甫已向他描绘过无数次了。

至此，不再有任何疑问了，宝藏就在这里；要在这个地方放一只空箱子，是犯不着如此防范的。

不一会儿，木箱周围便已清除干净，唐泰斯先是看见两个锁环中间的一把大锁，后又看见箱子两侧的提环，两者上面都刻着精美的花纹，在那个时代，镌刻艺术能使最平常的金属品变得很有身价。

唐泰斯抓住两个提环，想把箱子抬起来，但绝无可能。

唐泰斯想把箱子打开，但大锁和锁环都固紧得死死的，这些忠诚的卫士似乎不愿意把它们的财宝拱手交出。

唐泰斯把十字镐锋利的一头嵌进木箱和箱盖之间，用力压十字镐的木柄，箱盖“吱呀”了一声，被撬开了。木板裂成大口，铁包皮也失去作用，纷纷落下，但仍有几处挂在铁皮碎片落下时损坏的木板上，木箱整个儿被打开了。

唐泰斯一阵头晕目眩；他提起枪，压上子弹，把它放在身边。起初，他像孩子一样闭上眼睛，想在他想象中的闪闪烁烁的夜空里看到比群星灿烂的天空中更多的星星；然后又重新睁开，心醉神迷地呆站着。

木箱分成三格。

在第一格里装的是闪烁着带有深黄色光泽的耀眼的金币。

在第二格里尽是大块大块未经打磨的金条，排列得整整齐齐，以其重量和价值诱人。

第三格只装了一半，里面全是钻石、珍珠和宝石，唐泰斯抓了一把在手中摩挲，珍宝像瀑布似的流光溢彩，一颗颗落下时，发出如冰雹打在玻璃窗上的响声。

唐泰斯先是摩挲抚弄这些金子和珠宝，把颤抖的双手插在它们中间，然后，他站起来，几乎像个疯子似的抖抖索索、魂不守舍地窜出洞穴。他跳上一块可以观望大海的岩石，但什么东西也没看见；他只身一人，只有他一个人与这些无可计数、不可思议、神话般的财富在一起，这些都是属于他的；不过，他现在究竟是在做梦还是醒着呢？他究竟是在做一个短暂的梦呢，还是实实在在置身在现实中呢？

【阅读理解】

1. 给下列加点字注音。

沮丧（　　）　皎洁（　　）　祷告（　　）　镶嵌（　　）（　　）

2. 阅读文中加点的字，说一说为什么“对听到这声音的人来说，悲伤的警钟或战栗的丧钟也从未能产生同样的效果”。

____

____

3. 最后一段哪些动词形象地表现了主人公唐泰斯发现宝藏的心情？

____

____

4. 结合你对《基督山伯爵》的了解，说说唐泰斯获得的巨大财富在他的复仇过程中是怎样发挥作用的。

____

____

____

5. 结合选文，简要分析唐泰斯挖掘财宝过程中的心情。

____

____

____

【赏 析】

选文节选自《基督山伯爵》中唐泰斯发现巨大财宝的一段，首先作者层层铺垫，细腻地写出唐泰斯在挖掘财宝的过程中所遭遇的种种困难：饥肠辘辘、第一个洞空空如也、第二个洞空气恶臭等。而且唐泰斯本人对于能否挖到宝藏也十分不确定，一方面他热切地希望获得宝藏，但是另外一方面他似乎又承受不住一无所获的打击：“洞一打开，唐泰斯本来是能钻进去的。可是，多等一会儿，就可以多抱一会儿希望，推迟一会儿证实这希望的破灭。”这一句话生动传神地写出唐泰斯越接近宝藏内心越忐忑的状态，这种心情同中国古代文人“近乡情更怯，不敢问来人”有异曲同工之妙。

拓展阅读

大仲马最得意的作品——小仲马

大仲马有一句名言：我最得意的作品就是“小仲马”。大仲马和小仲马同是世界文坛的大文豪，是一对著名的父子作家。

小仲马著有蜚声文坛的巨著——《茶花女》。在成名之前，小仲马寄给编辑社的稿子总被退回，屡屡碰壁。大仲马对小仲马说：“你在投稿时，给编辑附上一句话，说‘我是大仲马的儿子’，或许情况就好了。”小仲马固执地说：“不，我不想坐在您的肩上摘苹果，那样摘来的苹果没有味道！”

于是，小仲马不断地更换笔名，以防那些编辑将自己和大仲马联系起

来，给自己“开后门”。终于，一位知名编辑发现了《茶花女》，不禁叫绝。当他发现寄稿件的地址和大仲马的完全一样时，怀疑这是大仲马的新作，然而《茶花女》与大仲马的作品风格又迥然不同。当他得知这是大仲马名不见经传的儿子的作品时，感到很奇怪，他问道：“您为何不在稿子上签上您的真实姓名呢？”小仲马说：“我只想拥有真实的高度。”小仲马最终凭借自己的实力跻身于世界文坛。

无独有偶，晏殊和晏几道这对父子词人也有着和大小仲马类似的故事。晏殊官拜宰相，可谓是一人之下，万人之上。然而晏几道却不肯借父亲的权势来谋取功名官位，一生仕途坎坷，只做过几任小官。虽然晏几道仕途不畅，但他在文学方面的成就却得到了世人的肯定，作为婉约派的代表词人，晏几道并不输给父亲晏殊！所以说，是金子总会发光的，靠自己的实力攀登到顶峰，才会有“一览众山小”的快意人生！

第17讲　笛　福

知识背景

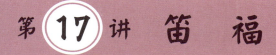

丹尼尔·笛福是英国启蒙时期现实主义小说的奠基人。笛福的作品可读性强，他的第一部小说《鲁滨孙漂流记》多年来畅销世界，在英国乃至世界文学史上享有崇高地位。《鲁滨孙漂流记》多次被改编成电影、电视剧、动画片等，深受大众喜爱。

在《鲁滨孙漂流记》中，乐观又勇敢的鲁滨孙通过努力，靠智慧和勇气战胜了困难，表现了当时追求冒险、倡导个人奋斗的社会风气。《鲁滨孙漂流记》被节选入苏教版六年级上册和人教版六年级下册语文教材。

重点难点

1. 掌握与笛福相关的基本文学知识。
2. 了解笛福的生平经历及作品风格。
3. 赏析《鲁滨孙漂流记》（节选），感受鲁滨孙永不放弃的精神。

著作推荐

1. 书目推荐：《鲁滨孙漂流记》，笛福著，胡允桓译，中国少年儿童出版社。
2. 影视推荐：《鲁滨孙漂流记》（动画片），文森特·凯斯特鲁特、本·斯塔森联合导演，2016年。

人物名片

丹尼尔·笛福（1660年—1731年）

出生于英国伦敦，英国十八世纪著名的小说家、新闻记者和小册子作者，被誉为欧洲的“小说之父”“英国小说之父”和“英国报纸之父”等。笛福所写小说虽不多，但质量却很好，其第一部小说《鲁滨孙漂流记》畅销海内外，奠定了丹尼尔·笛福在英国乃至世界文学史上的地位。

代表作有小说《鲁滨孙漂流记》《辛格尔顿船长》等。

1660年	出生	出生在英国伦敦一个商贩家庭。
1684年	24岁	与酒商女儿结婚，得到3700英镑的嫁妆，做起小百货买卖。
1692年	32岁	经商破产，负债17000英镑，开始用各种方法谋生。
1719年	59岁	第一部小说《鲁滨孙漂流记》发表。
1731年	71岁	在伦敦寓所逝世。墓碑刻有“丹尼尔·笛福，《鲁滨孙漂流记》的作者”。

课前漫画

流落孤岛的鲁滨孙好不容易造出一艘船，好让自己脱离险境，可是大船造成之后，他却遇到了这样让人哭笑不得的问题。哎，求生之路异常艰辛啊！

知识链接

鲁滨孙的诞生

英国人喜欢写墓志铭，机智而简短，俏皮而直率。例如，“躺在这墓碑下的是吝啬鬼杰米·瓦特，他在某天上午十时去世，当然，他省下了一顿午餐”，当你觉得杰米吝啬可笑时，他可能正为自己的幽默而扬扬得意呢。再如“这里躺着史蒂夫·鲍勃，酿得一手好啤酒；向左转，走下山，他的儿子正继承着他的事业”，墓志铭和广告合二为一，多么有商业头脑啊！笛福不写墓志铭，他希望在他的墓碑只上刻着：丹尼尔·笛福。但人们考虑到他的伟大成就，在他的墓碑上刻写了：丹尼尔·笛福，《鲁滨孙漂流记》的作者。

《鲁滨孙漂流记》是笛福留给后人的宝贵遗产，也是他自己的光辉成就。鲁滨孙的经历看起来是那样的不可思议，但是这部小说的创作却是缘于一个真实事件。1704年，一个叫赛尔科克的苏格兰水手，因为在船上叛变，被流放在荒岛。于是，他独自带着火枪、火药、烟、衣服、被褥和一本《圣经》在荒无人烟的小岛上生活了将近五年。

后来，当他被过路的船只救起时，浑身只裹着羊皮，蓬头垢面，活像一个原始人。不久这件事情上了各大新闻，也唤醒了59岁的笛福的想象力，蜚声海内外的鲁滨孙也就这样诞生了。赛尔科克在荒岛上并没有作出什么值得颂扬的英雄事迹，但笛福塑造的鲁滨孙完全是个新人，鲁滨孙身上是笛福多年海上经历体验的体现，是当时中小资产阶级心目中的英雄人物。

每课金句

只要我还能划水，我就不肯被淹死；只要我还能站立，我就不肯倒下。

——丹尼尔 · 笛福

作品赏析

可怜的鲁滨孙遭遇海难之后，孤身一人被冲上了一座荒岛，在荒岛上开始了他长达20多年的孤岛生涯。下面的选文讲的是鲁滨孙刚刚被冲上孤岛后发生的情景。

鲁滨孙漂流记（节选）

我虽获救，却又陷入了另一种绝境。我浑身湿透，却没有衣服可更换；我又饥又渴，却没有任何东西可充饥解渴。我看不到有任何出路，除了饿死，就是给野兽吃掉。我身上除了一把小刀、一个烟斗和一小匣烟叶，别无他物。这使我忧心如焚，有好一阵子，我在岸上狂乱地跑来跑去，像疯子一样。夜色降临，我想到野兽多半在夜间出来觅食，更是愁思满腔。我想，若这儿真有猛兽出没，我的命运将会如何呢？

在我附近有一棵枝叶茂密的大树，看上去有点像纵树，但有刺。我想出的唯一办法是：爬上去坐一整夜再说，第二天再考虑死的问题吧，因为我看不出有任何生路可言。我从海岸向里走了几十米，想找些淡水喝，居然给我找到了，真使我大喜过望。喝完水，又取了点烟叶放到嘴里充饥，然后爬上树，尽可能躺得稳当些，以免睡熟后从树上跌下来。我事先还从树上砍了一根树枝，做了一根短棍防身。由于疲劳至极，我立即睡着了，真是睡得又熟又香。我想，任何人，处在我现在的环境下，决不会睡得像我这么香的。

一觉醒来，天已大亮。这时，风暴已过，天气晴朗，海面上也不像以前那样波浪滔天了。然而，最使我惊异的是，那条搁浅的大船，在夜里被潮水浮出沙滩后，又给冲到我先前被撞伤的那块岩石附近。现在这船离岸仅几海里左右，并还好好地停在那儿。我想我若能上得大船，就可以拿出一些日常生活的必需品。

我从树上睡觉的地方下来，环顾四周，发现那只逃生的小艇被风浪冲到陆地上搁在那儿，离我右方约两英里处。我沿着海岸向小艇走去，但发现小艇与我所在的地方横隔着一个小水湾，约有半英里宽。于是我就折回来了。因为，当前最要紧的是我得设法上大船，希望在上面能找到一些日常应用的东西。

午后不久，海面风平浪静，潮水也已远远退去。我只要走下海岸，泅（qiú）上几十米，即可到达大船。这时，我心里不禁又难过起来。因为我想到，倘若昨天我们全船的人不下小艇，仍然留在大船上，大家必定会平安无事，这时就可安抵陆地；我也不会像现在这样，孤苦伶仃，孑（jié）然一身了。而现在，我既无乐趣，又无伴侣。想到这里，我忍不住流下泪来。可是，现在悲伤于事无济，我即决定只要可能就先上船去。当时，天气炎热，我便脱掉衣服，跳下水去。可是，当我泅到船边时，却没法上去，因为船已搁浅，故离水面很高；我两臂所及，没有任何可以抓住的东西。我绕船游了两圈，忽然发现一根很短的绳子。我惊异自己先前竟没有看见这根绳子。那绳子从船头上挂下来，绳头接近水面；我毫不费力地抓住绳子往上攀登，进入了船上的前舱。上去后发现船已漏水，舱底进满了水。因为船搁浅在一片坚硬的沙滩上，船尾上翘，船头几乎都浸在水里，所以船的后半截没有进水。可以想象，我急于要查看一下哪些东西已损坏，哪些东西还完好无损。首先，我发现船上的粮食都还干燥无恙。这时，我当然先要吃些东西，就走到面包房去，把饼干装满了自己的衣袋，同时边吃边干其他活儿，因为我必须抓紧时间才行。我又在大舱里找到了一些甘蔗酒，就喝了一大杯。此时此刻，我极需喝点酒提提神。我这时只想有一条小船，把我认为将来需要的东西，统统运到岸上去。

呆坐着空想获得不存在的东西是没有用的。这么一想，使我萌发了自己动手的念头。船上有几根备用的帆杠，还有两三块木板，一两根多余的第二接桅。我决定由此着手，只要搬得动的，都从船上扔下去。在把这些木头扔下水之前，先都用绳子绑好，以免被海水冲走。然后，我又把它们一一用绳子拉近船边，把四根木头绑在一起，两头尽可能绑紧，扎成一只木排的样子，又用两三块短木板横放在上面，我上去走了走，倒还稳当，就是木头太轻吃不住多少重量。于是我又动手用木匠的锯子把一根第二接桅锯成三段加到木排上。

这工作异常吃力辛苦，但我因急于想把必需的物品运上岸，也就干下来了。要在平时，我是无论如何不可能完成如此艰巨的工程的。

木排做得相当牢固，也能吃得住相当的重量。接着我就考虑该装些什么东西上去，还要防止东西给海浪打湿。不久我便想出了办法。我先把船上所能找到的木板都铺在木排上，然后考虑了一下所需要的东西。我打开三只船员用的箱子，把里面的东西倒空，再把它们一一吊到木排上。第一只箱子里我主要装食品：粮食、面包、米、三块荷兰酪干、五块羊肉干，以及一些剩下来的欧洲麦子——这些麦子原来是喂船上的家禽的。现在家禽都已死了。船上本来还有一点大麦和小麦，但后来发现都给老鼠吃光了或搞脏了，使我大为失望。至于酒类，我也找到了几箱，那都是船长的。里面有几瓶烈性甜酒，还有五六加仑椰子酒。我把酒放在一边，因为没有必要把酒放进箱子，更何况箱子里东西也已塞满了。在我这般忙碌的时候，只见潮水开始上涨，虽然风平浪静，但还是把我留在岸边的上衣、衬衫和背心全部冲走了。这使我非常懊丧，因为我游泳上船时，只穿了一条长短及膝的麻纱短裤和一双袜子。这倒使我不得不找些衣服穿了。船里衣服很多，但我只挑了几件目前要穿的，因为我认为有些东西更重要，尤其是木工工具。我找了半天，总算找到了那只木匠箱子。此时工具对我来说是最重要的，即使是整船的金子也没有这箱木匠工具值钱。我把箱子放到木排上，不想花时间去打开看一下，因为里面装些什么工具我心里大致有数。

阅读理解

1. 给下列加点字注音。

　匣（　　）　　孤苦伶仃（　　）（　　）

　接梳（　　）　　孑然一身（　　）

2. 在荒岛上的第一天，鲁滨孙都遇到了哪些困难？后来怎样？

____

____

____

3. 鲁滨孙落难荒岛之初的心理变化历程是怎样的？

____

____

____

4. 如果你必须去荒岛待十年，可以带五样东西，你会带些什么？并说说理由。

____

____

____

赏　析

《鲁滨孙漂流记》节选描写的是鲁滨孙刚落难孤岛时进行自救的情节。当鲁滨孙发现自己孤身一人流落孤岛时，满心的是绝望以及后悔。他慢慢调整了心态，即使是“看不出任何生路”，但还是“第二天再考虑死的问题”。搁浅的大船上存留的生活资料，包括工具、衣服、食物和酒等物品成了他全部的财产，正是依靠这些人类文明成果，鲁滨孙同大自然展开了顽强的斗争。

鲁滨孙被誉为世界文学史上第一个资产阶级正面典型。他出身于中产阶级家庭，本可以衣食无忧地过完一生，但是从小种下的冒险的种子不断成长，于是长大后鲁滨孙便展开了一段刺激的人与自然斗争之旅。从造独木舟的情节可看出，鲁滨孙善于发现和利用外物。这也就能解释，为什么鲁滨孙能够在荒岛生活28年之久。

之后鲁滨孙拯救“星期五”、搭救船长、降伏暴徒等行为，将鲁滨孙顽强的斗争精神表露无遗，具有创造精神和开拓精神的“鲁滨孙”也成为冒险家的代名词。

拓展阅读

世界上最神秘的海域——百慕大三角

千百年来，浩瀚的大海一直都令人们既向往又畏惧。因为神秘，人们向往；因为陌生，人们畏惧。无限的诱惑吸引着勇敢的人们扬帆起航，乘风破浪去探索神秘的未知。鲁滨孙经受不了大海的诱惑，几次远航，结果漂流到荒岛上独自生活了二十多年。然而，现实中遭遇海难的航海者们往往是没有他那种好运气的！

尽管人类进入文明社会后有无数的船只自由地航行在大洋之上，但直到今天仍然有一些海域令最有经验的航海者们谈之色变，被称为“航海者墓地”的百慕大三角就是其中之一。百慕大三角是指北起百慕大，西到美国佛罗里达州的迈阿密，南至波多黎各的一个三尾形海域。从1945年开始，数以百计的飞机和船只在这里神秘失踪。当然，其中不包括人为事故。不仅如此，传说百慕大还有一个神秘的时间隧道，穿过隧道的人就可以“返老还童”。

据说，1502年，哥伦布第四次渡过美洲时，曾途经百慕大。这天原本晴空万里，海面风平浪静，可是突然之间，狂风骤起，天昏地暗，几十米高的巨浪像水墙一样压过来。水手们竭力掉转航向，但所有导航仪器全部失灵，罗盘上的指针不是指向正北方向，而是西北方向，偏离了六度之多！不过，哥伦布还是幸运的，他的船总算没有沉没。风暴来时没有丝毫预兆，结束时也是戛然而止，令人费解。

有科学家认为百慕大魔鬼三尾区的形成与陨石有关。据研究，约1500年前，有一个巨大的陨石从太空飞来，落入大西洋。这块巨大的陨石犹如一个大黑洞，具有极大的引力。飞机、轮船经过这里都会被吸入这个大黑洞。但这也只是科学家的推断而已，真相究竟如何，至今还是一个未解之谜。

第18讲 斯威夫特

知识背景

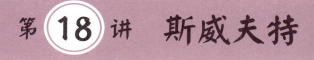

乔纳森·斯威夫特是十八世纪英国著名的讽刺作家、政治家。他对资本主义拜金、贪婪的本质进行了无情的鞭挞，并反映了普通人生活的艰辛与困苦。同时他放弃了长期统治英国文坛的古典主义文学标准，进行现实主义创作，从而使他的作品具有极高的文学价值。

斯威夫特的代表作《格列佛游记》以尖锐的讽刺手法反映了十八世纪前半期英国统治阶级的腐败和罪恶，对英国文学影响巨大。这本书也被列为语文新课程标准必读书目，同时多次被改编成电影。

重点难点

1. 了解十七、十八世纪英国的社会背景。
2. 了解斯威夫特的生平及其代表作品。
3. 赏析《格列佛游记》选文及其讽刺性的写作风格。

著作推荐

1. 书目推荐：《格列佛游记》，斯威夫特著，张健译，人民文学出版社，2000年。
2. 影视推荐：《格列佛游记》，罗伯·莱特曼导演，2010年。

人物名片

乔纳森·斯威夫特
（1667 年—1745 年）

英国启蒙主义时期的作家、政论家，出生于爱尔兰，代表作《格列佛游记》是英国文学史上最优秀的讽刺小说之一，通过主人公英国医生格列佛在四个幻想的国度里的奇遇，揭露英国统治阶级的腐败，批判社会的种种弊端。想象丰富，构思奇特，比喻多样，出版后一直深受各国人民的喜爱。

1667年	出生	出生于爱尔兰的首都都柏林，家境贫寒。
1688年	21岁	担任威廉·坦普尔爵士的私人秘书。
1710年	43岁	任托利党《考察报》的主编，发表大量政论作品。
1714年	47岁	托利党人失势，他回到爱尔兰在圣派得立大教堂担任教长。
1726年	59岁	《格列佛游记》在英国首次出版，受到读者追捧。
1745年	78岁	精神失常，病逝，葬于圣帕特里克大教堂。

课前漫画

格列佛和我们一样，本是一个正常身高的男性，却在周游世界时被其他国家的居民引以为奇，小人国的居民认为他高大威猛，大人国的居民却觉得他还没有蚂蚁大。而这些奇闻怪事都只是《格列佛游记》的冰山一角，这本小说中还有许多奇幻的故事，让我们一起去看看吧！

知识链接

《格列佛游记》的创作背景

《格列佛游记》创作于十八世纪的英国，而此时的英国社会，正在经历着巨大而深刻的变革。在政治方面，1688年的“光荣革命”确立了君主立宪政体，英国走上资本主义道路。高官厚禄虽然仍为土地贵族所垄断，但国家政策基本上是为金融工商业者的经济利益服务的。

在经济方面，政府以殖民制度、保护关税制度、国债制度、近代课税制度促进工商航海业的发展，对外连年进行殖民战争。劳动人民受到极为残酷的压迫和剥削，资本主义经济空前繁荣，大型手工业工场在主要生产部门代替了小作坊和个体生产者。

在社会方面，十八世纪中叶发生工业革命，出现了使用机器的工厂，人口向城市集中，新的城市在兴起。工业无产阶级和工业资产阶级诞生了。自耕农遭到破产，旧式乡绅也在消失。较多代表土地贵族利益的托利党和较多代表金融工商业者利益的辉格党轮流把持政权。官场贪污贿赂公开；司法机构弊端重重，镇压人民，保护有产者的利益；选举制十分腐败；上流社会的奢侈、投机、纵饮、豪赌成为一时风气。

作者斯威夫特于1710年至1714年间，曾出任托利党的公共关系官员，后来政党交替，辉格党上台，托利党党员被清算。于是作者透过第一部小人国的历险暗讽当时的政治。其后，作者后来到爱尔兰任教，爱尔兰当时受到英格兰的高压统治，于是作者通过第三部诸岛国游记反映爱尔兰农业的衰败。

《格列佛游记》的构思源于与朋友的一次聚会，斯威夫特谈到当时的政界种种贪婪无耻的行径时激动万分嬉笑怒骂间，信笔开始了第一卷的创作。成熟后经过无数次的增删修改，终于在1726年匿名发表，并立刻在英国社会引起了很大的争议。两百多年来，它被译成几十种文字，在世界各地广为流传。

每课金句

《格列佛游记》有机智和讽刺，有巧妙的构思，洒脱的幽默，泼辣的讥嘲，痛快淋漓。它的文体精彩绝伦。

——毛姆

作品赏析

这段选文就是出自《格列佛游记》第一卷的《利立浦特游记》，也就是“小人国”。在“小人国”里，主人公可以随意地把上至国王下至平民的各式人等摆在手掌心里玩弄。

利立浦特游记（节选）

虽然我还想另写一部专门著作描述这个帝国的形形色色，不过现在我愿意介绍一个大概的情形来满足我的好奇的读者。当地人民身高不到六英寸，所以其他动物、植物和树木的大小可以按照同样的比例推算出来。举例说吧，最高大的牛马都是四五英寸高，绵羊大约有一英寸半高；鹅也只有麻雀那么大，这样依次推下去，推到最小的东西，我简直就看不见了。不过大自然却能叫利立浦特人的眼睛能够看见一切东西。他们看得非常清楚，可是看不多远。有一次我感到十分高兴能看到一位厨师拿着一只还没有平常苍蝇大的百灵鸟在挦毛，又有一次看到一位年轻姑娘拿着一根细得看不见的丝线在穿一枚小得看不见的针。这都说明他们对近处的东西有着锐敏的视力。他们最高的树木大约有七英尺高，我指的是御花园里的那几棵大树，我举起攥着的拳头刚好能够到这几棵树的树顶。蔬菜的大小也可以同样的比例推算出来，就让读者自己去想象吧。

至于他们的学术，若干年代以来各门学术都非常发达，我现在就不必多说了。不过他们的书法却特别得很，他们写字既不像欧洲人那样由左而右，又不像阿拉伯人那样由右而左，也不像中国人那样从上而下，也不像加斯开吉人那样从下而上。他们却是从纸的一角斜着写到另一角，和英国的太太小姐们的习惯是一样的。

他们埋葬死人时，把死人的头一直朝下，因为他们相信一种说法，一万一千个月以后死人们都要复活。那时候地球（他们以为是扁平的）会上下颠倒。按照这样的埋法，他们复活以后就会安稳地站在地上了。当然他们的学者也承认这种说法荒谬，不过顺从世俗的习惯，这种办法还在继续采用。

这个帝国有几种非常特别的法律和风俗，如果这些法律和我的亲爱的祖国的法律不是完全相反的话，我真想替他们辩解几句。但愿我们也能执行这些法律。首先我要提到的是关于告密者的法律。背叛国家的罪行要受到最严厉的刑罚。但是被告如果能在开审的时候辩明自己无罪，原告就会立刻名誉扫地被处死刑。无辜的被告还可以从原告的财产或土地中得到四项赔偿，赔偿他时间上的损失，赔偿他所经历的危险，赔偿他在监禁中受到的折磨，赔偿他的辩护费用。如果原告的财产不够赔偿，那么大部分就由皇家来负担。皇帝还要公开赐给被告恩典，同时向全城宣布被告无罪。

他们认为欺诈罪比偷窃罪还来得严重，因此犯了这种罪行的人很少不被判处死刑的。他们认为只要小心谨慎，多加警惕，再有些常识，一个人就足以防备自己的财物被盗，但是老实人却没法防范老奸巨猾，人民既然需要不断地买卖，信用交易，如果我们纵容欺诈的行为而不加以法律制裁，那么诚实的商人就要破产，流氓坏蛋反倒会大发其财。我记得有一次我在国王面前曾为一个拐骗了主人大批款项的犯人讨情。他奉了主人命去收款，款收齐后竟携款潜逃，我对皇帝说，这不过是一种背信行为，希望皇帝能减轻对他的刑罚。皇帝觉得我太荒谬了，怎么会提出最能加重他的罪行的理由来替他辩解呢。我当时无言可对，只好支吾其词地说，各国有不同的习惯。必须承认，我那时感到非常惭愧。

虽然我们总认为赏与罚是政府行使职权的两个枢纽，然而除了在利立浦特以外，我却从来没有见过哪个国家能够实行这个原则。不管是谁，只要能提出充分证据，证明自己在七十三个月中严格遵守国家法律，就可以请求享受某种特权，按照他的地位或者生活条件的高下，从专门拨作这种用途的公款里领取一笔与之相称的款子，他还可以取得“斯尼尔普尔”亦即“守法者”的称号，不过这种称号却不能传给后代。我告诉他们，我们的法律只有刑罚而没有奖励，他们认为这是我们的政策上的极大的缺点。因此，他们的裁判厅里的公理女神像有六只眼睛，前面两只非常神秘，使只有少数卓越的天才才能了解，而这样的天才在一个时代中也很难生出三个来。但是他们却认为人人都能掌握真诚、公正、克制自己等等美德。如果人人能实践这些美德，再加上经验和为善之心，人人就能为国服务，只不过还需要一段学习过程罢了。但是他们认为如果一个人缺德无行，即使他具有卓越的才能也无济于事，任何事务也不能委托这种危险分子去办。如果一个人品行端正，只是因为无知才犯错误，他对于公众利益不会发生什么严重的影响，绝不会像那些品质恶劣、存心贪污腐化的人一样会给社会带来致命的损失，正因为这种人手段高明，他们才能加倍地营私舞弊，而同时又能巧妙地掩饰他们的腐败行径。

这种人为害社会之烈，远远超过由于无知而犯错误的人。不相信上帝的人也同样不能为公众服务。利立浦特人认为：既然君王们自称是上帝的代表，他所任用的人竟不承认他所凭借的权威真是再荒唐也没有了。

大家应该明白我谈到的这几种法律和下面我要谈到的都是这个国家独创的制度，我并不推崇他们由于具有人类堕落的天性而产生的那些臭名远扬的腐败政治。读者要知道，那些凭借跳绳得宠而获得高官厚禄，和在御杖上下跳跃爬行以赚得皇恩殊荣的奖章等等卑劣行为都是由当今皇上的祖父而滥觞，由于党派斗争越演越烈，所以目前这些劣迹才达到了高潮。在他们看来忘恩负义应判死罪，我们在书上也读到过，有些国家也有同样的法律。他们的理由是：以怨报德的人应该是人类的公敌，他对待人类可能比他对待自己的恩人还要恶毒，因为世人没有施恩于他，这样的人根本不配活在世上。

【阅读理解】

1. 给下列加点字注音。

擦着（ ） 无辜（ ） 营私舞弊（ ） 滥觞（ ）

2. 在小人国，选拔人才的时候，品德和才能，人们更看重哪一个？

______

______

______

3. 作者是运用什么样的艺术手法建构如此细致逼真的童话世界的？

______

______

______

4. 1英寸等于2.54厘米，四舍五入，我们按2.5厘米来算，1英尺大概等于30厘米，小人国的人最高有多高？牛马有多高？绵羊有多高？他们的树有多高？

______

______

______

【赏 析】

选文是对小人国——利立浦特的一个人物名片，除了对他们独特的外貌特征进行介绍外，作者重点讲述了小人国特有的法律和民俗，比如选拔人才的方式。如何选拔优秀的人才治理国家，是古今中外都争议不休的话题。德才兼备的人自然是最优秀的，但能够达到这个高度的人往往是凤毛麟角，所以出于现实考虑，必须在德与才这二者间有所侧重。三国时期的曹操招揽人才时明确提出“唯才是举”的口号，在曹操看来，品德并不是很重要，只要是有才华之人他都愿意招纳麾下，有才华之人才能为他的一统大业出谋划策，做事更有效率。而小人国有着与曹操完全相反的政策，他们认为，奇才是很少的，而且这是天生的，后天的教育无法将平庸之辈变得头脑聪慧。但是，美德是可以在后天习得的，只要引导教育得当，每个人都能品德高尚，只要心地善良、做事勤谨认真就能为国效力，即使头脑稍微愚笨一点也没有关系。同学们，你更认同哪种观点呢？

拓展阅读

《格列佛游记》的讽刺艺术

《格列佛游记》是英国讽刺文学的代表作，整部小说所讲述的内容是主人公格列佛外出航海探险的种种经历。格列佛游历每一个国家所遇到的问题都真真实实地存在于英国现实社会里，他借此尖锐地揭露与讽刺了英国社会的诸多弊病。那么，斯威夫特是运用了什么手法才达到如此杰出的讽刺效果呢？

第一种手法是对比。这种对比讽刺是通过主人公格列佛在小人国与大人国游历时所产生的不同感觉的对比来呈现的。格列佛在小人国时，用小人国的渺小卑微来衬托自己的高大威猛，还极力刻画自己通过一己之力帮助利立浦特王国击退敌军的故事，意在说明英国君主立宪制的优越性，相比于小人国，英国的制度简直太先进了，英国人民真是太智慧了。而当格列佛进入大人国游历时，格列佛突然发现自己在这些大人面前，自己就像一个无知小孩，什么都不知道。看着大人国人民幸福的生活，文明的制度，联想到自己的国家人民所处的境况，突然醒悟，自己的祖国并没有那样的优越，不仅如此，而且还存在很多的不足和弊端。斯威夫特先是通过与小人国的对比，再借助与大人国的对比，刻画了主人公格列佛不同的心理。最后将这两种心理历程进行对比，否定了英国现今落后的社会制度，揭露了英国社会暴露出的种种问题。

第二种手法是夸张。整部小说都采用夸张的讽刺手法，这是作家最为常

用的一种讽刺手法。在小人国，每个人的身高均不超过6英寸，还有用鞋跟高低来划分政党的搞笑情节；在大人国，人的最高身高为60英寸；在飞岛国、巫人岛等地的奇怪见闻；在慧马国，对公正又爱好和平的马这一形象的刻画等无不体现着幽默和夸张的手法。这些夸张手法的运用，以一种幽默搞笑的方式讽刺了英国统治集团的斗争，抨击了英国的殖民制度。

第三种手法是反语。反语是指在文章中故意使用与所要表达意思相反的语句去阐述作者本身所要表达的观点。在《格列佛游记》的第二卷中有这样一段对话，格列佛向大人国的国王谈及自己祖国的文化、历史、政治制度时，国王表示嘲讽：“他这样一直说下去……我那高贵的祖国原是学术、武功的权威，法兰西的灾难……想不到他竟这样瞧不起。”斯威夫特并没有通过巨人国国王的话直接对英国进行批判，而是透过国王的不屑与轻蔑，利用格列佛看似对自己祖国的维护之词进行反面的表达。

叁·新派作文

第19讲 夸张式动作描写

知识背景

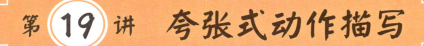

动作描写是刻画人物的重要方法之一，而夸张的动作描写，不仅能通过塑造人物富有特征性的动作行为，交代出人物的身份、地位，反映出人物心理活动的过程，表现出人物的性格特征，还能推动情节的发展。朱自清著名的散文《背影》中，作者通过对“父亲”穿越铁道时一系列动作的描写，如“探”“攀”“缩”“微倾”等，体现出“父亲”上月台的艰难不易，它们像无声的语言，打动了作者和读者的心，为我们塑造出一位慈爱的父亲形象。

重点难点

1. 理解夸张动作描写的概念，掌握写作技巧。
2. 按要求完成有关“赶往考场”的习作。

著作推荐

1. 书目推荐：《儒林外史》，吴敬梓著，余小兰改写，人民文学出版社。
2. 影视推荐：《欧也妮·葛朗台》，让-丹尼尔·维哈吉导演，1994年。

课前阅读

有个哑女卖刀，她不能说话，无法用富有诱惑力的广告语宣传自己的产品。于是她就在大庭广众之下当场演示刀的锋利。她把刀搁在铁丝上，一瞬间，细铁丝分为两截，而刀刃无损；她又手起刀落，面前的粗铁丝转眼间被分成数截，但刀刃锋利如初。哑女虽未说一句话，但她的摊位前排起长龙，人们争相购买她的菜刀。顾客们众口一词："好就好在她是通过自己的行动来说话，令大家信服。"

哑女卖刀如此，我们写作文也是这样。写作文时，要想让自己笔下的人物活起来，也要靠动作说话。如果能够精彩地刻画出人物的动作，人物形象自然也就跃然纸上。那么怎样才能把人物的动作写生动呢？今天我们就来学习，如何用夸张手法描写动作。

技法展示

所谓动作描写，就是要准确描写人们富有特征的动作。而夸张的动作描写，就要求我们仔细观察人物，大胆、生动地刻画他们最关键、最有特色的动作。一般来说，夸张式动作描写可以分为个性化夸张、幽默式夸张和细节式夸张。我们在写作中如果能用好其中任何一种，都会为文章添色不少。

一、个性夸张手法

选择一个人常规的、符合他性格特点的行为动作，加以夸张地展示，表现人物特点。有人刻画一个嗜烟如命的烟民形象时，这样来描写他吃薯条的动作：

例 他微微抬起的左手吸引了我的注意，两根手指的第一个关节内侧各有一块明显的黄色老茧。我正琢磨着什么工作才能给他留下这样深的印记，突然他敏捷地伸出这两根手指夹起了一根薯条。只见他稳稳地夹着薯条的一端，将另一端蘸了蘸番茄酱，接着很自然地将薯条弹了一弹，然后慢悠悠地送进了嘴里。

“伸”“夹”“蘸”“弹”这一系列动词，很容易让我们联想到烟民抽烟时的动作，这种夸张的动作描写就有十分鲜明的个性化色彩了，让人过目难忘。

例 这父亲虽然年纪大了，却仍敏捷地跳上正在锯着的一个树干，又跳上支撑着棚顶的横梁，猛地一掌，把于连拿着的书打落到河里，接着又是猛地一掌，打在于连的头上。于连身子一歪，眼看就要跌倒，若是跌进十四五尺下面正在运转的机器的杠杆中间，非粉身碎骨不可；这当儿，他的父亲伸出左手，一把将他揪住……

——司汤达《红与黑》

“敏捷地跳上”“猛地一掌”“接着又是猛地一掌”“伸出左手”“一把将他揪住”等，看到这些动作描写，我们很难想到这是一个五六十岁的老头儿的动作，更难以想到这是一个五六十岁的老头儿对自己儿子的动作。但正是这一系列夸张的动作描写，让我们从中觉察到了老索莱尔凶悍的性格，以及他和儿子于连之间微妙的关系。

二、幽默式夸张

把人物的动作和情节配合起来，从故事情节的发展中产生幽默诙谐的行为动作，收到强烈的喜剧效果。

例 萧长贵一听“强盗”二字，更吓得魂不附体，马上想穿裤子逃命。急忙之中又没有看清，拿裤脚当作裤腰，穿了半天只伸下一条腿去，那一条腿抵死伸不下去。他急了，用力一蹬，豁啦一声，裤子裂开了一条大缝。至此方才明白穿倒了，重新调过来穿好。把长衣披在身上，来不及纽扣子，拿扎腰拦腰一捆，拖一双鞋。

——李宝嘉《官场现形记》

作者通过萧长贵一系列错乱的动作，将他梦中惊醒、得知遇到强盗后惊慌失措的尴尬丑态表现得淋漓尽致。读者也在笑声中，看到了人物胆小、懦弱的性格特点。

三、细节式夸张

捕捉人物一举手、一投足的动作，真实而具体地凸显细节，展示人物特点与心境。

例 就在乱成一锅粥的时候，罗伯特突然奇迹般地猛然思维清晰起来：打电话给医生，快！他在教室里横冲直撞，桌子椅子都被他掀翻，他努力冲到电话前。就在他要拿起电话听筒的时候，又因为手臂用力过猛，啪地把金鱼缸撞翻到地上。鱼缸砸了个粉碎，水流了一地，七条鱼也全都跌到了地上，其中有一条肥肥的金鱼还是所有小孩们的最爱，因为它看上去像一直在笑。

检查员小姐一直到这个时候，都站在教室的最后面，没有加入他们之中。现在，她觉得是时候做点什么了。但她的这个决定绝对是不明智的。她走了还不到两米，左脚的高跟鞋就踩到一条金鱼上，背朝下摔倒在又是水又是玻璃的地上。而罗伯特想助检查员小姐一臂之力，还没迈开步也一脚踩在另外一条鱼上，顺着滑溜溜的地板朝着小姐猛撞过去……

——让·克劳德·穆莱瓦《罗伯特的三次报复行动》

这两段选文描写的是罗伯特在课堂上第一次被学生捉弄后的混乱场面。第一段中，罗伯特遇到突发事件时顿时慌了神儿，他的一系列动作描写，如“横冲直撞”“掀翻”“冲到”等都表现了他内心的惊慌失措。而第二段中，有关检查员小姐和罗伯特踩到金鱼时的细节动作描写，既细致地刻画了人物当时的尴尬处境，又将混乱的场面直观地展现在我们面前，为后来罗伯特的第一次报复行动埋下伏笔。

本课习作

一场对你来说十分重要的考试马上就要开始了，而睡过头的你此刻正疯狂地赶往考场……根据上述场景，发挥想象，描写一组连贯的夸张动作。

写作锦囊

【按图索骥】

	夸张的动作	夸张之处
第一次动作	当女儿将储金室的房门钥匙交还他时，他把它藏在背心口袋里，不时用手抚摸着。	“藏”和“抚摸”两个动作夸张地体现出葛朗台视财如命的性格。“藏”说明葛朗台唯恐他人偷走了自己的钥匙，时时抚摸则是为了检查钥匙是否还在，以求心安。
第二次动作	他要女儿把黄金摆在桌面上，他一直用眼睛盯着，好像一个才知道观看的孩子一般。	“盯”字表现了葛朗台看着金子目不转睛的神态，对病入膏肓的他而言，最好的治疗办法不是药物，而是金钱。
第三次动作	把一个镀金的十字架送到他唇边亲吻，葛朗台见到金子，便做出一个骇人的姿势，想把它抓到手。这一下努力，便送了他的命。	努力地去“抓”金子，是葛朗台一生中最后一个动作，而且也因此丧命。不仅表现了葛朗台爱财的性格特点，还暗含着作者对他满满的讽刺。

日积月累

1. 欲哭无泪：想哭，可是却又没有眼泪，哭不出来。表达一种焦急、忧虑而又无可奈何的复杂感受。
2. 心急如焚：心里着急得像火烧一样。
3. 捶胸顿足：用拳头敲打胸膛，跺着双脚。形容非常懊悔或非常悲痛的样子。
4. 喜极而泣：指人遇到了意想不到的非常好的事情，而激动得流泪。
5. 风风火火：形容急急忙忙，冒冒失失的样子；也形容做事情很活跃，很有干劲儿。

范文赏析

下面的两个片段分别选自巴尔扎克的《欧也妮·葛朗台》与吴敬梓的《儒林外史》，分别夸张而生动地刻画了葛朗台与严监生两个吝啬鬼形象，两人一个因贪婪而死，一个因吝啬而死不瞑目。那么葛朗台与严监生究竟谁更吝啬、更贪婪呢，巴尔扎克与吴敬梓到底哪一个技高一筹呢，阅读完选文后，说说你的看法。

欧也妮·葛朗台（节选）

1827年，葛朗台已经八十二岁了。他患了风瘫症，不得不让女儿了解财产管理的秘密。他不能走动，但坐在转椅里亲自指挥女儿把一袋袋的钱秘密堆好。当女儿将储金室的房门钥匙交还他时，他把它藏在背心口袋里，不时用手抚摸着。临死前，他要女儿把黄金摆在桌面上，他一直用眼睛盯着，好像一个才知道观看的孩子一般。他说："这样好叫我心里暖和！"神甫[1]来给他做临终法事，把一个镀金的十字架送到他唇边亲吻，

①神甫：即神父，是一个教堂的负责人。

葛朗台见到金子，便做出一个骇人[1]的姿势，想把它抓到手。这一下努力，便送了他的命。最后他唤欧也妮前来，对她说：“把一切照顾得好好的！到那边来向我交账！”他死了。

【赏 析】

葛朗台是欧洲文学四大吝啬鬼之一，选文是葛朗台临死前的一段。俗话说“人之将死，其言也善”，临终的状态更能突显一个人的性格。选文中，三个动作充分展现了葛朗台的吝啬，第一是女儿将储金室的钥匙交给他时，他把钥匙“藏”在口袋里，生怕被人发现偷走。而且还要时时抚摸，以求心安。第二个动作是他女儿把黄金摆在桌面上，他死死盯着，看来他一辈子最放不下的事就是钱。第三个动作是神甫把镀金的十字架送到他唇边，他却因为挣扎而丧命，金子竟然比葛朗台自己的性命还要重要。虽然选文篇幅很短，却在寥寥数语间将葛朗台之死刻画得入木三分，想必每一位读者阅读后都会印象深刻。

儒林外史（节选）

自此，严监生的病，一日重似一日，再不回头，诸亲六眷都来问候。五个侄子穿梭地过来陪郎中弄药。到中秋以后，医家都不下药了，把管庄的家人都从乡里叫了上来。病重得一连三天不能说话。晚间挤了一屋的人，桌上点着一盏灯。严监生喉咙里痰响得一进一出，一声不倒一声的，总不得断气，还把手从被单里拿出来，伸着两个指头。大侄子走上前来问道：“二叔，你莫不是还有两个亲人不曾见面？”他就把头摇了两三摇。二侄子走上前来问道：“二叔，莫不是还有两笔银子在那里，不曾吩咐明白？”他把两眼睁得溜圆，把头又狠狠摇了几摇，越发指得紧了。奶妈抱着哥子插口道：“老爷想是因为两位舅爷不在眼前，故此记念。”他

①骇人：使人充满惊骇恐慌。

听了这话，把眼闭上摇头，那手只是指着不动。赵氏慌忙揩眼泪，走近上前道：“爷，别人都说的不相干，只有我晓得你的意思……你是为那灯盏里点的是两茎灯草，不放心，恐费了油。我如今挑掉一茎就是了。”说罢，忙走去挑掉一茎。众人看严监生时，点一点头，把手垂下，登时就没了气。

——吴敬梓《儒林外史》

【赏　析】

本文节选的也是严监生临终的一段，葛朗台之死用三个夸张动作交代，而严监生之死只使用了一个主要动作，更加深入人心。这个主要动作就是他伸出了两根手指。严监生的亲戚纷纷猜测两根手指什么意思，第一次否认只是摇摇头，对其他人的猜测还抱有期待；第二次否认时把眼睛“睁得溜圆”，头摇得更狠了些，严监生对两次猜错的现状已经着急起来了，生怕临死前还有遗愿未完成，不得瞑目；第三次听到错误的答案，严监生把眼睛闭上，手也不动了，看来严监生已经心灰意冷，不再指望有谁能猜对了。千呼万唤始出来，还是严监生的妻子了解他，赵氏说中了他的心意以后，他终于心满意足地撒手人寰了。而赵氏的答案实在荒谬可笑，让严监生临死前放心不下的居然是灯盏里多烧了一茎灯草。严监生夸张的动作和赵氏的正确回答，为严监生的吝啬形象画上了一个完美的句号。

拓展阅读

文学史上的吝啬鬼群相

读完范文赏析中的两个片段，想必葛朗台与严监生的形象已经深入同学们的脑海了。实际上，除了这两人之外，欧洲文学长廊上还有三个以吝啬而著称的经典形象。他们分别是莎士比亚笔下的夏洛克、法国剧作家莫里哀笔下的阿巴贡、俄国作家果戈理笔下的泼留希金。这五个吝啬鬼，年龄相仿，脾性相似，都家财万贯却又吝啬成癖，但他们又各自特点鲜明。简言之，夏洛克凶狠，阿巴贡多疑，葛朗台狡黠，泼留希金迂腐，严监生薄情。同学们对于夏洛克、葛朗台与严监生已经比较熟悉了，下面我们就主要介绍阿巴贡与泼留希金。

阿巴贡是莫里哀的喜剧《悭吝人》中的主人公。既然能够跻身“世界级吝啬鬼”的行列，那么可想而知，阿巴贡对于钱财可不是一般的热爱。他到底吝啬到什么程度呢？他不仅对自己的仆人及家人十分苛刻，自己也是常常饿着肚子上床，以至于半夜饿得睡不着，不得不去马棚偷食荞麦，甚至自己儿女的幸福都成了他赚钱的筹码。他不顾儿女各自有钟情的对象，而执意要儿子娶有钱的寡妇，让女儿嫁有钱的老爷。当他处心积虑埋藏在花园里的钱被人取走后，他更是呼天抢地，痛不欲生。

同其他几个吝啬鬼相比，果戈理《死魂灵》中的泼留希金显得更腐朽没落一些。他实为富豪却形似乞丐，小说中说他蓄有一千以上的死魂灵，而他仓库中所储藏的各种粮食与日用品更是多得不计其数，要寻出第二个这么富有的人都很困难，但是他本人的吃穿用度却寒酸到极点。他的衣服很像一件妇人的家常衫子，且沾满了面粉，后背还有一个大窟窿；头上戴的帽子，正如村妇所戴；脖颈上围着一种莫名其妙的东西，是旧袜子、腰带，还是绷带，实在不好断定，但绝不是围巾。至于他住的地方，如果没有桌子上的一顶破旧睡帽做证，谁也不会相信这屋里还住着活人……泼留希金对自己都吝啬到如此地步，对他人就更可想而知了。他的儿女从他那儿得到的除了诅咒，没有别的什么。他这一辈子除了聚敛财富，仿佛已经没有存在的价值了。

第20讲 漫画式外貌描写

知识背景

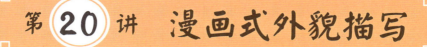

外貌描写是文学作品中塑造人物形象的重要手法，而漫画式外貌描写则是指牢牢抓住人物外貌最显著的特点，用漫画般的手法加以夸张，让特点更加凸显。这样写的好处是能让人物形象更加鲜明、深入人心。在《堂·吉诃德》中，塞万提斯将主人公的大鼻子进行了夸张，说“那鼻子之大，衬得全身都小了”；在《三国演义》中，罗贯中说刘备“两耳垂肩，双手过膝”；在《秋》中，巴金说生病的倩儿“两颊深深地陷进去，仿佛成了两个黑洞”，这都是漫画式的写法。

重点难点

1. 理解漫画式外貌描写的概念，掌握写作技巧。
2. 按要求完成有关外貌描写的习作。

著作推荐

1. 书目推荐：《巴黎圣母院》，雨果著，李玉民译，商务印书馆。
2. 影视推荐：《万物理论》，詹姆斯·马什执导，埃迪·雷德梅尼主演。

课前阅读

古代有一个县官，他下令贴出了一张告示，要抓一个小偷。告示上是这样写的：个子不高不矮，身材不胖不瘦，脸呢不黑不白，眼睛不大不小，鼻子不高不低，嘴巴不宽不窄。

聪明的你们想一想，这个县官能不能抓到小偷呢？显然，要想靠这样一张告示抓到小偷简直是天方夜谭，因为它根本没有标记出小偷的任何一个特点，符合告示的人满大街都是。那么，怎样才能抓到小偷呢？这就需要一段特点突出、让人过目难忘的外貌描述。今天我们就来学习一种特殊的外貌描写技法——漫画式外貌描写。相信学完本课之后，每个同学都能够用笔“抓到小偷”了。

技法展示

漫画本是绘画的一种，所谓漫画式外貌描写，就是用夸张、幽默、比喻等手法，突出人物外貌的某个特点并加以描绘。这种描绘或许不像照镜子那样贴近原貌，但却能够抓住人物的灵魂，使读者印象深刻，能够从千万人之中一眼就认出他来。

一、夸张手法

通过夸大人物外貌的一些特点，达到搞笑或者惊悚的效果，从而让读者对人物外貌过目不忘。

例 他有一个四面体的鼻子，马蹄形的嘴，猪鬃似的赤红色眉毛下面有一个小小的左眼，还有一个大瘤遮没了的右眼，像城垛样参差不齐的牙齿，坚硬的嘴唇，一颗牙齿如象牙一样从唇上突伸出来，弯曲的下巴……他看来好像是个驼背，走路时是个罗圈腿，看你时是个独眼龙，你同他讲话时——他是个聋子。

——雨果《巴黎圣母院》

这是雨果在《巴黎圣母院》中对极丑的敲钟人卡西莫多的外貌描写。你们读完之后是什么感觉呢？丑！是吧？雨果是怎么写出一个这么丑的人的呢？实际上，他除了运用夸张手法之外，并没有采用其他太多的描写技法。

二、幽默手法

找出人物外貌的特征，用幽默、诙谐的手法描写，制造出令人难忘的喜剧性效果。

例 侯营长有个桔皮大鼻子，鼻子上附带一张脸，脸上应有尽有，并没有给鼻子挤去眉眼，鼻尖儿几个酒刺，像未成熟的草筹，高声说笑，一望而知是位豪杰。

——钱钟书《围城》

鼻子本来是脸上的一个器官，却被钱钟书说成“鼻子上附带一张脸”，这样的叙述虽然有悖真实，但却极富幽默感地将人物鼻子之大、之喧宾夺主活灵活现地展现给读者。更绝的是，鼻头上还长出了酒刺，鲜红带绿，像“未成熟的草莓”，将读者的视觉转向嗅觉：酒糟的腐臭迎面而来……这样，一个滑稽、猥琐、令人生厌的兵痞形象就深深地印在读者脑海里了。

例 “清国留学生”的速成班，头顶上盘着大辫子，顶得学生制帽的顶上高高耸起，形成一座富士山。也有解散辫子，盘得平的，除下帽子，油光可鉴，宛如小姑娘的发髻一般，还要将脖子扭几扭。实在标致极了。

——鲁迅《藤野先生》

鲁迅抓住“清国留学生”的“大辫子”这一外貌特征，把一群胸无大志、迂腐滑稽的留学生描绘得入木三分。接着，将他们盘在头上的大辫子比喻成“高高耸起的富士山”和“小姑娘的发髻”，之后加上一句反语评价——“实在标致极了”，在引人发笑中表达了作者对他们腐朽生活的极度厌恶和辛辣讽刺。

三、比喻手法

运用比喻的修辞手法，将人物外貌特点传神地漫画化。

例 他十分脏。头发垂到了眼睛那儿，如果不是眼光在动，他简直就是一具僵尸。蜡质的皮肤紧紧地包在骨头上，看上去就像一个骷髅。

——J. K. 罗琳《哈利·波特与阿兹卡班的囚徒》

这是哈利第一次见到教父小天狼星时的情景，作者通过“僵尸”与“骷髅”比喻，塑造小天狼星深受牢狱之灾的囚徒形象，将哈利眼中骨瘦如柴的小天狼星形象生动地传达给读者，同时也营造出阴森、神秘的氛围。

本课习作

1. 综合运用夸张、比喻、幽默这三种手法，生动地描述一个你熟悉的人物形象。人物可以是你身边的人，也可以是影视作品、漫画作品中的形象；可以描写人物的整个外貌，也可以挑一处有特点的部位，比如鼻子、眼睛、嘴巴、眉毛、耳朵等等，加以描写。

2. 将你在上一题中描写的外貌形象画出来。

写作锦囊

【日积月累】

1. 衣冠楚楚：衣帽穿戴得很整齐，很漂亮。多含贬义。
2. 大腹便（pián）便：形容人的肚子大，泛指肥胖的样子。含贬义。
3. 文质彬彬（bīn）：原形容文章既文雅又有内容，后形容人文雅而有礼。
4. 明眸（móu）皓（hào）齿：形容女子容貌美丽。
5. 落落大方：形容言谈举止自然大方，不拘谨。

【妙笔生花】

三仙姑却和大家不同，虽然已经四十五岁，却偏爱当个老来俏，小鞋上仍要绣花，裤腿上仍要镶边，顶门上的头发脱光了，用黑手帕盖起来，只可惜官粉涂不平脸上的皱纹，看起来好像驴粪蛋上下了霜。

——赵树理《小二黑结婚》

他的头上，前面一根头发也不剩了，后面簇着稀疏的淡褐色发卷；一双小眼睛好像是用芦苇叶子切出来似的，亲切地眨动着；红润的嘴唇甜蜜地微笑。

——屠格涅夫《猎人笔记》

范文赏析

契诃夫是十九世纪俄国批判现实主义小说家，与莫泊桑、欧·亨利并称世界三大短篇小说家。在他的著名作品《套中人》中，契诃夫塑造了一个个性孤僻、因循守旧的希腊语教师形象。为了表现他的性格特征，作者对他的外貌也进行了漫画式处理，突出他衣着与动作“包在套子”的鲜明特征，以形传神，与主人公的整体气质相契合。

套中人（节选）

契诃夫

有些人生性孤僻，他们像寄居蟹或蜗牛那样，总想缩进自己的壳里，这种人世上还不少哩。也许这是一种返祖现象，即返回太古时代，那时候人的祖先还不成其为群居的动物，而是独自居住在自己的洞穴里；也许这仅仅是人的性格的一种变异——谁知道呢。我不是搞自然科学的，这类问题不关我的事。我只是想说，像玛芙拉这类人，并不是罕见的现象。哦，不必去远处找，两个月前，我们城里死了一个人，他姓别利科夫，希腊语教员，我的同事。您一定听说过他。他与众不同的是：他只要出门，哪怕天气很好，也总要穿上套鞋，带着雨伞，而且一定穿上暖和的棉大衣。他的伞装在套子里，怀表装在灰色的鹿皮套子里，有时他掏出小折刀削铅笔，那把刀也装在一个小套子里。就是他的脸似乎也装在套千里，因为他总是把脸藏在竖起的衣领里。他戴墨镜，穿绒衣，耳朵里塞着棉花，每当他坐上出租马车，一定吩咐车夫支起车篷。总而言之，这个人永远有一种难以克制的愿望——把自己包在壳里，给自己做一个所谓的套子，使他可以与世隔绝，不受外界的影响。现实生活令他懊丧、害怕，弄得他终日惶惶不安。也许是为自己的胆怯、为自己对现实的厌恶辩护吧，他总是赞扬过去，赞扬不曾有过的东西。就连他所教的古代语言，实际上也相当于他的套鞋和雨伞，他可以躲在里面逃避现实。

“啊，古希腊语是多么响亮动听，多么美妙！”他说时露出甜美愉快的表情。仿佛为了证实自己的话，他眯细眼睛，竖起一根手指头，念道：“安特罗波斯！”

别利科夫把自己的思想也竭力藏进套子里。对他来说，只有那些刊登各种禁令的官方文告和报纸文章才是明白无误的。既然规定晚九点后中学生不得外出，或者报上有篇文章提出禁止性爱，那么他认为这很清楚，很明确，既然禁止了，那就够了。至于文告里批准、允许干什么事，他总觉得其中带有可疑的成分，带有某种言犹未尽，令人不安的因素。每当城里批准成立戏剧小组，或者阅览室，或者茶馆时，他总是摇着头小声说：“这个嘛，当然也对，这都很好，但愿不要惹出什么事端！”

【赏 析】

别利科夫是契诃夫小说《套中人》塑造的经典文学形象，他的生活方式沉闷压抑，把自己的一切都裹在套子里，为了同世人隔绝，不致受到外界的影响。作者为别利科夫保守避世的个性量身定做的一套服装，并用漫画式外貌描写的方式呈现给读者，这套衣服十分独特，非常符合他“套中人”的形象：哪怕在艳阳天出门他也总是穿着套鞋，带着雨伞，他的雨伞、怀表、削铅笔的小折刀等一切能包裹起来的东西都总是装在套子里，就连他的脸也好像装在套子里，因为他总是把脸藏在竖起的衣领里面，戴着黑眼镜，耳朵里塞上棉花，坐出租马车的时候也要车夫马上把车篷支起来。作者通过夸张的外貌描写将他的性格特征外化了，更突出了他的固执、胆怯与思想陈腐。

拓展阅读

历史上相貌奇特的伟人

日常生活中人与人见面的第一印象很重要，而相貌在第一印象中占很大比重。试想一个你在生活中遇到一个相貌奇特的人，是不是会对他印象深刻呀？古人也一样喜欢记载与众不同的外貌，令人啧啧称奇，让我们一起来看史书上的记载吧！

首先是《三国演义》中成就蜀汉霸业的先主刘备，正史《三国志》说刘备“垂手下膝，顾自见其耳”。就是说他手特别长，耳朵也特别大，小说《三国演义》夸张地说刘备“两耳垂肩”，现实生活中我们从来没有见过耳朵这么大的人，而双耳垂肩在古代被视为帝王之相，我们不妨把史书与小说中对刘备的描写视作一种文学的夸张。

三国时期另一位枭雄也相貌不凡，那就是东吴的孙权。传说孙权紫髯碧眼，意思是紫色的胡须、绿色的眼睛。这种相貌在欧美白色人种中比较常见，在中国古代非常稀有，难怪《三国演义》中诸葛亮见了孙权都感叹他相貌不俗，想必孙权在生活中经常因为外貌被人嗔怪感到困扰。汉代与西域的交流已经十分频繁，也许，孙权是有胡人血统吧！

还有一种奇特的外貌是重瞳子，即一个眼睛里有两个黑眼球，这在古代也被认为是帝王或者是圣人之相。历史上仓颉、虞舜、项羽、李煜据说都是重瞳子，仓颉是传说中发明汉字的圣人，舜是三皇五帝之一，项羽是秦末与汉高祖刘邦争天下的西楚霸王，李煜则是南唐后主、千古词帝。这样看来，重瞳子的人好像真的天资聪颖，注定不平凡。其实现代医学发现，重瞳子是一种返祖现象，也是一种病理现象，与智商并没有关系。

这些都是史书中记载的古人奇特的相貌，由于照相机十九世纪才发明出来，他们真实的面貌究竟如何我们已经看不到了，也许是真实的记载，有可能是文学的夸张或者是为了符合他们帝王身份进行的渲染。同学们，你身边有没有相貌奇特，令人过目不忘的人呢？

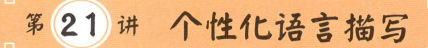

第21讲 个性化语言描写

知识背景

语言描写是塑造人物形象的重要手段。所谓言为心声，成功的语言描写必定是个性化的，必定能够体现人物的身份、地位、性格和内心世界，使读者“闻其声”便能“知其人”。语言描写主要表现为对话描写，这在文学作品中十分常见，曹文轩的《草房子》、鲁迅的《阿Q正传》、大仲马的《基督山伯爵》中都有精妙的语言描写。把人物语言的作用最大化的文体是戏剧，整个故事几乎全部由对话构成。阅读优秀的戏剧作品也能让我们提高语言描写的能力。

重点难点

1. 掌握语言描写的方法，学会将语言描写融入写作中去。
2. 按要求完成习作。

著作推荐

1. 篇目推荐：鲁迅《孔乙己》，安徒生《皇帝的新装》。
2. 影视推荐：《疯狂动物城》，2016年，里奇·摩尔、拜恩·霍华德及杰拉德·布什执导。

课前阅读

有家哥俩闹分家，分了几天也没分清，决定请裁缝、厨师、船老大、车把式四人来说和。这四人觉得事情棘手，于是相邀先到厨师家碰个头，讨论一下。

一个说：“我看咱们去了要快刀斩乱麻，别锅了碗了分不清。”

一个说：“咱们办事不能太偏了，要针过去线过去才行。”

一个接过话茬儿：“嗨，咱原先也不是没有管过这号事，前有车，后有辙，别出格就行。”

另一个听得不耐烦了：“我看别在这里啰唆了，不如到他家再见风使舵。”

厨师的媳妇“扑哧”一声笑了：“你们真是三句话不离本行，卖什么的吆喝什么。”

从文中你能看出先后说话的都是谁吗？相信聪明的你一定都猜对了。为什么我们能猜到他们的职业呢？正是通过他们极富个性化的语言！因此，我们要写好人物，必须写出个性化的人物语言，努力做到“话到人到”。接下来我们就一起看看怎样才能写出个性化的人物语言吧。

技法展示

语言描写，是刻画人物形象的重要方式，个性化的语言描写更能突出人物的性格特点。下面我们就简单介绍几种语言描写的方法，看看怎样能把个性化的语言描写运用得淋漓尽致吧。

一、基本语言描写与规范

为了使对话形式更加活泼、生动，我们可以变换不同的对话形式。

1. 提示语在前

例 这一回他放下斧子，拿起刨子，要把木头刨刨平，可他一来一去地刚那么一刨，又听见那个很小很小的声音嘻嘻地笑着对他说了：“快住手！你弄得我浑身怪痒痒的！”

——科洛迪《木偶奇遇记》

本段描写的是安东尼奥想拿这块木头做一个桌子腿，结果木头一直在戏弄他。把提示语放在了前面，强调了木头说话时嬉皮笑脸的样子。

2. 提示语在后

例 “别笑！”杰佩托生气地说。可他这句话像是对着墙说的，说了也是白搭。

“我再说一遍，别笑！”他用吓唬他的口气大叫。

嘴巴于是停了笑，可整条舌头都伸出来了，杰佩托为了不耽误工作，假装没看见，继续干他的活。

——科洛迪《木偶奇遇记》

本段描写的是杰佩托在做木偶时，木偶调皮、淘气惹他生气的场景。提示语放在了后面，更能突出他说话时生气的样子。

3. 提示语在中间

例 杰佩托一回家，马上拿起工具，动手就刻他的木偶。

“给他取个什么名字呢？”杰佩托自言自语地说，“我就叫他皮诺乔吧。这个名字会给他带来幸福。我认识一家人，都叫皮诺乔：皮诺乔爸爸，皮诺乔妈妈，皮诺乔老大、老二、老三……他们一家都过得很好，其中最富的一个讨饭吃。”

——科洛迪《木偶奇遇记》

本段描写了杰佩托在做木偶人时自言自语的情景。提示语放在了句子中间，更能突出人物前后说的话，在语气和意思上都有停顿，使长句子读起来更舒服。

二、个性化的语言描写

人物语言个性化，是语言描写最基本也是最高的要求。所谓个性化就是什么人说什么话，每个人说的话都要符合他的身份、地位、年龄、经历、习惯爱好和心理状态，以及所处的特定环境等，使读者观其言知其人，闻其声便明其性。

1. 写出人物说话时的神态、动作等

语言描写时，除了写“说什么”，还要写“怎么说”。细致描写人物说话时的神情、动作，可以增强语言描写的感染力。

例　“你怎么会把‘认真’的‘真’字写错？”语文老师用手指点着马小跳的脑门儿，一副恨铁不成钢的样子，“我在课堂上一再强调，‘真’字里面是三横，千万不要写成两横，可是你还是写成两横了。马小跳，你的耳朵长到哪里去了？”

“这里。”马小跳扯着他的耳朵，送过去给语文老师看。办公室里，其他的老师都笑起来，可秦老师没有笑，她得在学生面前保持她的威严。

——杨红樱《淘气包马小跳》

作者在写老师训斥马小跳时，结合她的动作、神态，把老师的气愤、马小跳调皮捣蛋的形象表现得非常到位，读起来幽默诙谐，非常生动有趣。把人物的动作和情节配合起来，从故事情节的发展中产生幽默诙谐的行为动作，收到强烈的喜剧效果。

2. 符合人物性格、身份、地位等

个性化语言描写，简单来说就是“什么人说什么话”。我们在对人物进行语言描写时，一定要符合人物的性格、身份、地位等特点。

例　孔乙己一到店，所有喝酒的人便都看着他笑，有的叫道：“孔乙己，你脸上又添上新伤疤了！”他不回答，对柜里说：“温两碗酒，要一碟茴香豆。”便排出九文大钱。他们又故意的高声嚷道：“你一定又偷了人家

的东西了！”孔乙己睁大眼睛说：“你怎么这样凭空污人清白……”“什么清白？我前天亲眼见你偷了何家的书，吊着打。”孔乙己便涨红了脸，额上的青筋条条绽出，争辩道：“窃书不能算偷……窃书！……读书人的事，能算偷么？”

——鲁迅《孔乙己》

本段讲述了当孔乙己来到店里买酒时，众人拿他脸上的伤疤取笑他的事情。通过语言描写勾画出这些人麻木不仁、穷极无聊的嘴脸，笑声里更透露出一股悲凉的意味。孔乙己的一段话表明了他想要清白，但清白不了，又偏要争面子的心理，由此可见孔乙己生活在矛盾之中，又成为大家取笑的对象。

本课习作

小区里的草地上，几个邻居家的小朋友在踢足球，玩得兴高采烈。你在一旁打羽毛球，并时不时地观看他们踢足球。忽然，王小鹏脚下的足球飞上了一楼张大爷家的窗台，打碎了张大爷最喜欢的花盆。小朋友们都呆了，谁也不敢出声。张大爷气呼呼地冲出来责问大家是谁踢的。你该如何回答？小朋友们又是如何回答的呢？发挥你的想象，写一篇400字左右的文章。

写作锦囊

按图索骥

犯错之后	
基本语言描写	1. 我说："就是他，王小鹏。" 2. "哪个臭小子把我的花盆打碎了啊？"张爷爷说。 3. "对不起，张爷爷。"王小鹏说，"我们不是故意的。" 4. "没事儿，下次可要小心点儿了。""嗯，谢谢张爷爷，我知道了。"
个性化的语言描写	1. 大家面面相觑，谁也不说话。这时，张大爷气呼呼地冲出来，大喊道："哪个臭小子干的好事，把我的花盆打碎了？" 2. "对……对不起……"王小鹏低着头，怯懦地说。 3. "我……我不是故意的。"王小鹏扯着衣角，吞吞吐吐地说，"对不起，张爷爷。" 4. "你们这群小兔崽子，整天就知道闯祸！""对不起……"

日积月累

1. 吞吞吐吐：形容说话有顾虑，想说，但又不痛痛快快地说。
2. 语无伦次：形容因为紧张而把话讲得乱七八糟，毫无次序。
3. 怒气冲冲：非常生气的样子。
4. 兴高采烈：形容非常开心。
5. 怀里揣着十五只兔子——七上八下：形容非常紧张的样子。

【妙笔生花】

门被打坏了，开了一个篮球大的窟窿。班主任来了，瞪着眼：“谁踢坏的？”捣乱鬼张辉斜着眼，冷笑着：“鬼知道，又没有人叫我一定要看好门。”旁边的李勇朝老师做了个鬼脸，说：“哈，开了窗，好通风。”谁知这一下却惹恼了站在旁边的吴星星：“是张辉，他来时，一阵风正好把门关了，他就抬起脚，用力一踢。”张辉脚一跺：“大白天别说梦话！你小心点，不要诬陷好人！”“我才不瞎说呢，大家都看见的。你凭什么做了坏事还要耍嘴？”老师说：“还有谁看见的？”“我……没看见。”王军使劲地咽了一口口水，眼神有些躲闪。

范文赏析

“淘气包马小跳”系列描写了一群调皮孩子的快乐生活。在这部书里，个性化的语言把每个孩子的特点都展现得非常到位，个性十足。这一天，学校里要举办一场“狼和猪谁对人类贡献更大”的辩论会，马小跳和他的朋友们都开始摩拳擦掌，跃跃欲试……

淘气包马小跳（节选）

马小跳去找他的好朋友唐飞：“唐飞，我们去报名参加辩论会。”“不去。打嘴仗的事，你去找毛超吧！”毛超最喜欢打嘴仗，马小跳还没去找他，他先找上马小跳了。“马小跳，我们就当猪方，肯定赢。”必须要三个人，现在还差一个人。唐飞已说了不来，好朋友中，只剩张达了。马小跳说：“我们去找张达。”毛超笑得直打嗝儿。马小跳知道毛超笑什么。张达说话结巴，让他去辩论，还不把人急死！毛超建议另找一个人来做他们的搭档，马小跳不同意：“可张达是我们的好朋友呀！”马小跳带着毛超和张达，到丁文涛那里去报名。

“丁文涛，我们要为猪辩论。”“你们？”丁文涛指着张达，“还有你？”张达涨红了脸：“不……不行吗？”丁文涛笑得眼镜都滑到鼻子尖了。自从看了电影《哈利·波特》，丁文涛就把他的方框眼镜，换成了圆框眼镜，居然也有人说他像哈利·波特。“你小看我们？”马小跳看着丁文涛就不顺眼，“你以为戴着这样的眼镜，就可以冒充哈利·波特？告诉你吧，这场辩论会，我们还非赢不可。”

“夜郎自大，妄自尊大，不知天高地厚，口吐狂言……”

马小跳大唱一声：“丁文涛！”丁文涛这才收了口：“你们怎么赢呀？”“我们当猪方。”毛超志在必得，“对人类的贡献，猪肯定比狼大。”丁文涛说他们不懂辩论会的规则。“说，什么规则？”“这个规则不是各行其是，不是南辕北辙，不是心想事成，不是痴人说梦……”“住口！”马小跳大喝一声，“你说谁是‘痴人’？”他们都懵。看到马小跳的眼睛里在喷火花，张达也握紧了拳头，丁文涛的心里又冒出一个成语来——“识时务者为俊杰”，再饶舌下去，他就真成“痴人”了。

【赏　析】

选文通过对唐飞、毛超、马小跳等人个性化的语言描写，表现出了他们对待辩论赛的不同态度和各自的性格特点。唐飞嫌麻烦，觉得多一事不如少一事，而毛超则是自信满满，一听有辩论会，巴不得现在就去比一比。相对于比赛的成绩，马小跳则更在乎的是朋友之间的感情，性子直爽。从马小跳的话语中，可以看出他很有荣誉感。丁文涛只要逮着说话的机会，就会没完没了地说成语，啰啰唆唆地炫耀自己的语言天赋是丁文涛的常态，而这显然已经引起了大家的不满。

拓展阅读

机智的外交辞令

语言是我们进行沟通交流的重要媒介，不仅在生活中十分重要，在外交舞台上也占有非凡的地位。今天，就让我们一起去看看那些机智的外交辞令吧！

周恩来总理是我国伟大的政治家、外交家，同时也是一位语言天才。中华人民共和国成立初期，我们国家还很落后，在外交场合常常受到其他国家领导人和记者的嘲笑与奚落，然而每一次，周总理都能用机智幽默的言语为我们国家赢得尊严。在二十世纪五十年代，有一次周总理和一位美国记者谈话，记者看到总理办公室里有一支美国生产的派克钢笔，便带着几分讽刺，得意地发问："总理阁下也'迷恋'我国的钢笔吗？"周总理听了，风趣地说："这是一位朝鲜朋友送给我的。这位朋友对我说：'这是美军在板门店投降签字仪式上用过的，你留下做个纪念吧！'我觉得这支钢笔的来历很有意义，就留下了贵国的这支钢笔。"美国记者的脸一直红到了耳根。美国官员的话里显然包含着对中国人的极大侮辱，在场的中国工作人员都十分气愤，但由于是在外交场合，所以不好强烈地去斥责对方的无礼。可如果忍气吞声，听任对方羞辱的话，那国威又何在？周总理用非常巧妙的回答，既维护了自己国家的尊严，又让美国人领教了什么叫作柔中带刚，而最终尴尬窘迫的还是美国人自己。

还有一次，一位西方记者提问道："请问，中国人民银行有多少资金？"这实际上是讥笑我国的贫穷。

周总理正色道："中国人民银行货币资金嘛，有十八元八角八分。"全场愕然，鸦雀无声。

周总理接着说："中国人民银行发行面额为十元，五元，二元，一元，五角，二角，一角，五分，二分，一分的十种主辅币人民币，合计为十八元八角八分。"周总理一语惊四座，大厅内顿时响起了听众的热烈掌声。

第22讲 幻觉式心理描写

知识背景

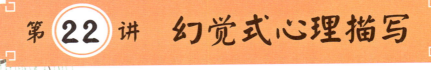

心理描写是刻画人物思想性格的重要手段。幻觉式心理描写是心理描写中特殊又新颖的一种表现方式，即借助梦境幻觉来反应内心世界。人物的眼前或耳边会有虚幻的画面或声音，其内容是自己最想（或最怕）看到和听到的，把这些内容详细地描绘下来，比用内心独白的方式呈现心理世界更加生动形象。

这种形式的描写在文学作品中也较为常见，很多童话故事、小说等作品中都多次用到幻觉式心理描写的手法，如安徒生的《卖火柴的小女孩》，列夫·托尔斯泰的《穷人》等。

重点难点

1. 掌握幻觉式心理描写的技法。
2. 按要求完成习作《晚上我看家》。

著作推荐

1. 篇目推荐：安徒生《卖火柴的小女孩》；列夫·托尔斯泰《穷人》。
2. 影视推荐：《银河护卫队》，詹姆斯·古恩导演，2014年。

课前阅读

精神病科医生：从前你总以为自己是戴安娜，现在你已经摆脱这种幻觉康复了。恭喜你！

患者：非常感谢！请把治疗费清单寄给查尔斯王子吧。

这位患者沉溺幻觉而患病，我们却可以好好地利用幻觉给我们的文章添光增彩。今天我们就来学习一下这种大家平时很少用到，但却非常好用的幻觉式心理描写法。

技法展示

心理描写就是把内心思想感情的活动写出来。心理描写除了我们常用的直抒胸臆之外，还可以利用幻觉来展现。幻觉式心理就是描写一种虚假的感觉，这种描写的显著特点是：

（1）自由灵活，什么内容都可以写，但也不能一味地“胡思乱想”；

（2）大大丰富了心理描写的内容，画面感很强；

（3）强烈的抒情和浪漫效果，吸引力强。

幻觉式心理描写一般都有“好像看到”“仿佛听到”等标志性词语，一看到这些词语，我们就知道接下来的内容都是幻觉式心理描写了。幻觉式心理描写可以分为以下两部分：

一、概括简略的幻觉

这一类幻觉的内容极为精练，往往只有一两句话。

例 我读到此处，在晶莹的泪光中，又看见那肥胖的、青布棉袍黑布马褂的背影。

——朱自清《背影》

这里作者“看见”的“背影”就是一种幻觉，这段描写语言十分简洁，但选取的形象十分具有代表性，充分表达了作者对父亲的思念、牵挂之情，很有感染力。

二、具体详尽的幻觉

这一类幻觉的内容十分翔实，描写要尽量具体，要有一定的情节和较为丰富的场面。

例 她又擦了一根。火柴燃起来了，发出亮光来了。亮光落在墙上，那儿就变得像薄纱那么透明，她可以从那儿一直看到屋里：桌上铺着雪白的台布，摆着精致的盘碗，填满了苹果和葡萄干的烤鹅正冒着热气。更妙的是，这只鹅从盘子里跳下来，背上插着刀和叉，摇摇摆摆地在地板上走着，一直向这个可怜的小女孩走来——这时候，火柴又灭了，面前没有别的，只有一堵又厚又冷的墙。

——安徒生《卖火柴的小女孩》

这段话中没有一个词语是直接写小女孩饥饿寒冷的感受，但是我们一眼就可以看出，此时的小女孩一定是饥肠辘辘，十分渴望能吃一顿饱饭。我们为什么能感受到她内心的渴望呢？靠的就是幻觉式心理描写。

例 可是，在这最困难的时候，那些幻象却继续在他脑子里一闪一闪——沙漠上热腾腾的漫长的铁路线；墨西哥的宪兵和美国的警察；监狱和拘留所；水塔旁边的流浪汉——眼前尽是他离开里奥·布兰柯和那次罢工之后，一路漂泊时所看到的种种污秽痛苦的景象。接着，他看到了光辉灿烂、席卷祖国的伟大的红色革命。枪就在他眼前。每一张可恨的脸都是一支枪。他是为了枪来拳击的。他就是枪。他就是革命。他是在为全墨西哥斗争。

——杰克·伦敦《墨西哥人》

文段中的“他”名叫利威拉，他用参加拳击比赛、赢得奖金的方式来赚取购买枪支所需的资金，以此支持自己的祖国墨西哥的革命事业。当他面对美国一流拳击家丹尼的时候，他几乎被打倒了，在这最困难的时候，他的眼前出现了幻觉，这些幻觉正是他当时内心活动的体现。

本课习作

发挥想象，以《晚上我看家》为题，写一篇不少于400字的作文。注意描写出“我”在整个看家过程中的心理活动，至少用上一处幻觉式心理描写。

写作锦囊

【按图索骥】

晚上我看家	
开头	一个人看家的缘由：父母有事，我自告奋勇
中间	一个人看家的过程：期待→害怕 我的眼睛看到什么？我的耳朵听到什么？我的心里感到什么？ 我的脑里想到什么？我有没有动作？
结尾	一个人看家的结果：父母回来，如释重负

【日积月累】

1. 心神不定：形容心里烦躁，不安心。
2. 泪如雨下：眼泪像雨水似的直往下流。形容极度悲伤。
3. 心灰意冷：灰心失望，意志消沉。
4. 辗转反侧：因为有心事而翻来覆去睡不着觉。
5. 破涕为笑：一下子从哭变成了笑，表示转悲为喜。

【妙笔生花】

这一天，天空好像一块毫无瑕疵的碧玉，一朵朵白云就像一大片鹅羽毛似的，停留在“碧玉”上，让人心情愉悦。我站在起跑线上，只听裁判员的枪声一响，我以迅雷不及掩耳之势冲出了起跑线。我边跑边想，我一定能赢，我一定能赢。果然，不一会儿，我就排在了第二位，我的脑海里仿佛出现了我站在高高领奖台上，自豪地抬起头，等着颁奖老师给我挂上金牌……可是不一会儿，我就有点体力不支，两只脚像被灌了铅似的，迈一步都要花费好大的力气。呼吸也越来越困难，上气不接下气。我的速度也渐渐慢了下来，后面的选手趁此机会相继超越了过去。我看见了，暗暗给自己打气：“我得加把劲给超回来，不然我会落后的，加油！”

范文赏析

下面是一个学生在习作中的一段幻觉式心理描写。同学们来体会一下，修改前和修改后的作文在表现力与感染力上是不是有很大差别呢?

修改前：

语文课上，老师把批改好的试卷发了下来。在拿到试卷之前，我紧张得要命，就怕自己考砸了。试卷拿到手以后，我一看不及格，很是伤心。

修改后：

我好像看见满试卷鲜红的叉组成一张巨大的网向我袭来，把我网住，使我不能动弹，不能挣扎。我仿佛又看到了老师满面的怒容，仿佛听到了父母失望的叹息声和旁人的嘲笑声。

【赏 析】

修改前的心理感受只有“很是伤心”一句，太过简单，读者看到以后很难有共鸣。而修改后中“鲜红的叉”能被看成是“一张巨大的网”，鲜明地表现出错误之多、红叉之刺眼，“我”的低落之情也溢于言表。与直接说担心害怕相比，幻觉式描写表现力更强。

我们再来看一段具体详尽的幻觉式心理描写的名家范文。在卡尔森的儿童小说《桥下一家人》中，老流浪汉阿曼德费尽心思终于为流浪儿们找到了梦寐以求的房子时，内心十分欣喜。因此即使他看到破烂不堪的房子时，眼前也不由得出现了幸福的幻觉画面。

墙上的油漆正在剥落，几件家具破破烂烂。厨房的炉子锈迹斑斑，地板上的亚麻油地毯已经开裂，而且褪了色。尽管阿曼德只在四处打量，但他好像看到眼前这些房子变了样。

就像变魔术一样，墙壁粉刷一新，又小又高的窗户上挂上了带花边的窗帘。他小心翼翼地从地板上走过，生怕弄坏了取代地毡的编织地毯。

开裂的桌面铺上了花格布。苏西正坐在桌旁看书。当凯尔西特夫人站在火炉旁做汤的时候，火炉开始噼噼啪啪地响。伊芙琳正爬上高凳往窗外看，保罗正在院子里和乔乔玩儿。

【赏　析】

文段先客观介绍房子的破旧，为后文阿曼德把它想象成豪宅做铺垫。“小心翼翼”的动作与心理活动相结合，多种角度的描写并用，能够增强画面感。对流浪儿们在屋中幸福生活的幻想，体现出阿曼德希望孩子们生活幸福的强烈愿望与责任心。

拓展阅读

有时候，创作由幻觉开始

相传有这样一个小故事：

享誉世界的法国短篇小说家莫泊桑，晚上有独自散步的习惯。有一次他去公园散步，一抬眼，看见树上挂着一具尸体，他吓了一跳，立刻报告了公园管理人员，管理人员把尸体拉走了；第二天晚上，他又去这个公园散步，又看见这棵树上挂着一具尸体，他又报告了公园管理人员，尸体又被收走了；第三天晚上，莫泊桑又去了这公园里散步，又在这树上看见一具尸体。莫泊桑十分纳闷，这里怎么天天有人上吊自杀啊？于是他决定在管理人员拉走尸体时仔细看看是什么人上吊。这一看可把莫泊桑吓了一大跳，原来这尸体不是别人，竟是他自己！这时莫泊桑恍然大悟：原来真正的我早就死了，活在世上的不过是我的鬼魂！

莫泊桑怎么会看到自己上吊死了呢？莫不是他得神经病了？哎，大家还真猜对了！原来啊，莫泊桑患有神经痛，也就是神经病的一种。这种病使他常常出现各种幻觉，上面讲的看到自己上吊的事情就是他的一个幻觉。

语文教材中选取的《我的叔叔于勒》《项链》等都是莫泊桑反映小人物真实生活的现实主义作品。但大家不知道吧，实际上莫泊桑早期有近三分之一的作品都是根据种种心理幻觉而创作的惊悚小说。这部分小说在学校的语文学习中不会涉及，但却是他创作中一个极为重要的部分。

莫泊桑的处女作《剥皮的手》就是一篇惊悚小说。小说讲的是一个杀人犯被处死以后，尸体上的一只手就不翼而飞了。几经周折，这只剥了皮的手被卖给了一个经商失败的生意人。生意人把这个外形恶心无比的手挂在房门口，讨债的人都不敢靠近，生意人非常满意，到处向朋友们炫耀这个剥皮的手。有一天，他的朋友突然接到警察的电话，说这个生意人死在了一个密室里，而且脖子上有五个深深的指印。朋友听说，马上就想到了那只手，赶去生意人家看时，却怎么都找不到那只手了。朋友觉得很恐怖，就想赶紧把生意人的尸体埋了。于是他开始在生意人家的院子里挖坑。没想到，挖着挖着，突然！朋友被吓得差点瘫倒在地。原来，他挖到了一个东西，而这个东西不是别的，正是那只剥皮的手！

这些带有阴森恐怖色彩的惊悚小说，给我们展示了语文课本外莫泊桑的另一面。同学们，你们更喜欢读他的哪一类小说呢？

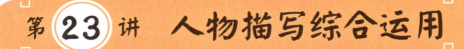

第23讲　人物描写综合运用

知识背景

人物是记叙文六要素中的第一要素，写好人物是写好记叙文的关键。成功塑造一个人物形象，只依靠某一种手法是不够的，必须将外貌、神态、语言、动作、心理等描写方法综合使用，这样人物才会立体、饱满。

纵观文学历史，古今中外的名家、大师塑造出了无数经典的人物形象：吝啬的葛朗台、自欺欺人的阿Q、貌丑心善的卡西莫多、疾恶如仇的鲁智深……说起任何一人，我们都能见其貌、闻其声，这都是多种人物描写手段综合使用的结果。

重点难点

1. 掌握人物描写的方法，学会将人物描写的方法融入写作中去。
2. 按要求完成习作。

著作推荐

1. 书目推荐：罗曼·罗兰《名人传》，中国文联出版社。
2. 影视推荐：《甘地传》，1982年，本·金斯利主演，理查德·阿滕伯勒执导。

课前阅读

齐王想找人为自己画一张像，先后找了很多人都不如意。最后，大臣们替他请来了齐国最有名的画工，但是画工却说他画不好人，只会画别人没有见过的鬼怪。齐王感到很奇怪，齐国最有名的画工怎么连一个人都画不好呢？画工解释说：“鬼怪最容易画，因为它本身就没有固定的形状，谁也没有见过。”齐王听后，很好奇，就对画工说：“你就画个鬼怪来瞧瞧。”于是，画工只用了一会儿的时间，便在绸帛上画了一个面目狰狞、张牙舞爪的鬼怪。齐王看了，不禁毛骨悚然，退后说：“真是画鬼容易画人难！”

读完了上面的小故事，聪明的你们想一想，画人真的有那么难吗？其实也未必！画工的话虽然有一定的道理，但是古今中外的作家们用笔为我们塑造了多少栩栩如生、骨肉丰满的人物形象啊！像葛朗台、猪八戒、严监生、阿Q等，提到其中的任何一个，我们眼前都会浮现出他们鲜活的面孔，想起发生在他们身上的事情，甚至听到他们个性化的语言。那么，怎样才能写好连画工都不一定能画好的人呢？这就是我们今天学习的主题——人物描写与综合运用。

技法展示

之前我们已经分别学过漫画式外貌描写、夸张式动作描写、个性化语言描写与幻觉式心理描写四种描写技法，但是描写人物时我们不能只用一种技法，要把多种描写技法融会贯通，才能把人物写得更加具体、生动、形象。

我们来设想这样一个情景：一位农民伯伯进城后，丢了钱袋，向一位小青年询问……

技法	对农民伯伯的描写
一般技法	农民伯伯向路过的一个小青年问道："我卖菜的时候丢了钱袋，你看到谁拿了吗？"小青年答道："没有。"
加入漫画式外貌描写	农民伯伯抬起他饱经风霜、沟壑纵横的脸向路过的一个小青年问道："我卖菜的时候丢了钱袋，你看到谁拿了吗？"小青年用手理了理他油光可鉴、能滑倒苍蝇的"秀发"，回答道："没有。"
加入夸张式动作描写	农民伯伯抬起他饱经风霜、沟壑纵横的脸，颤巍巍地指着街边的一个角落，向路过的一个小青年问道："我在那边卖菜的时候丢了钱袋，你看到了吗？"小青年用手理了理他那油光可鉴、能滑倒苍蝇的"秀发"，斜眼瞥了瞥老汉，漫不经心地回答道："没有。"
加入个性化语言描写	农民伯伯抬起他饱经风霜、沟壑纵横的脸，颤巍巍地指着街边的一个角落，向路过的一个小青年问道："俺在那个旮旯卖菜的时候丢了钱袋，你看到了吗？那可是俺准备买小鸡崽儿的钱呐，这可咋办哟……"小青年用手理了理他油光可鉴、能滑倒苍蝇的"秀发"，斜眼瞥了瞥老汉，漫不经心地回答道："切！你丢了钱袋跟我有什么关系！没看到！"
加入幻觉式心理描写	农民伯伯抬起他饱经风霜、沟壑纵横的脸，颤巍巍地指着街边的一个角落，向路过的一个小青年问道："俺在那个旮旯卖菜的时候丢了钱袋，你看到了吗？那可是俺准备买小鸡崽儿的钱呐，这可咋办哟……"小青年用手理了理他油光可鉴、能滑倒苍蝇的"秀发"，斜眼瞥了瞥老汉，漫不经心地回答道："切！你丢了钱袋跟我有什么关系！没看到！"老汉听了，心里顿时凉了半截儿，仿佛看见一群可爱的小鸡崽儿，正歪歪扭扭地离他远去……

本课习作

根据下列情景设置，自拟题目，写一篇不少于400字的作文。

情景：傍晚，菜场就要打烊了，小老板们都欢快地忙着收拾摊位。这时，一个胖乎乎的，腆着大肚子的中年老板，满脸愁容地对旁边的人抱怨道：“今天太倒霉了，一天来了俩祖宗买菜！上午来了只‘精猴儿’（孙悟空），下午又来了一只笨狼（灰太狼），我都快被这两个活宝给整疯了！唉……”

写作锦囊

【按图索骥】

菜场老板的一天

		孙悟空	菜场老板
上午	外貌	毛脸儿、雷公嘴、火眼金睛、拿着金箍棒……	红脸胖子、啤酒肚、斗鸡眼、酒糟鼻……
	语言	“老板，来个桃儿！”	“你真是来对地儿了，我这里都是上好的蜜桃，不甜不要钱！”
		“你个骗子！这桃儿一点儿都不好吃，跟俺花果山的相比差远了！”	
	动作	拿起桃子，凑到鼻子上，使劲儿地闻了闻，接着三下两下擦了擦皮儿，“咔嚓”咬下一口……	“唉！这人怎么这样啊，吃了桃不给钱，还埋怨人！”
	心理	嘴里嚼着那么难吃的桃子，不禁想起自己在花果山、在蟠桃	

（续表）

菜场老板的一天			
		灰太狼	菜场老板
下午	外貌	炯炯有神的双眼、又黑又长的刀疤、傻乎乎的表情……	
	语言	“老板，我老婆要吃喜羊羊！你这里有卖吗？”	“羊肉小店倒是有，不过可没什么喜羊羊！”
		“没有？！那你赶快去羊村给本大王抓一只过来！懒羊羊、喜羊羊、美羊羊都行！快点儿，不然本大王吃了你！”	“神经病啊！你是存心来找碴儿的是吧？！”
	动作	灰太狼号啕大叫着逃跑了，临走时还喊道：“我会回来的……”	老板气急了，随手抄起一根木棒往灰太狼头上砸去！
	心理	一上午都没有抓到一只羊，心里特别着急，眼前浮现出了红太狼拿着平底锅拍向自己的情景……算了，还是去菜场碰碰运气吧。	老板打量着站在面前的灰太狼，看着他傻乎乎的模样，觉得赚钱的机会来了，仿佛看见一大包钞票在向他微笑。

【妙笔生花】

1. 孩子不足两岁，塌鼻子，眼睛两条斜缝，眉毛高高在上，眼睛远隔得彼此要害相思病。

——钱钟书《围城》

2. 范进不看便罢，看了一遍，又念一遍，自己把两手拍了一下，笑了一声，道：“噫！好了！我中了！”说着，往后一跤跌倒，牙关咬紧，不省人事。老太太慌了，慌将几口开水灌了过来。他爬将起来，又拍着手大笑道：“噫！好了！我中了！”笑着，不由分说，就往门外飞跑，把报录人和邻居都吓了一跳。

——吴敬梓《儒林外史 · 范进中举》

3. 老太太开始向前走，小短腿像刚孵出来的小鸭子的。走的时候，脸上的肉一哆嗦一哆嗦地动，好像冬天吃的鱼冻儿。

——老舍《二马》

范文赏析

下面的两个选段分别选自清代作家曹雪芹的《红楼梦》和法国作家都德的《最后一课》。我们从中可以看到两个很生动的人物形象——“刘姥姥”和“韩麦尔先生”。这两个人物为什么能够如此深入人心呢，作者又是怎样塑造他们的呢，下面就让我们一起来分析一下吧。

红楼梦（节选）

饭时，凤姐与鸳鸯商议要拿刘姥姥取个笑儿。鸳鸯便拉着刘姥姥悄悄嘱咐了一番，刘姥姥道：“姑娘放心。”入了坐，贾母说声“请”，刘姥姥站起身来，高声说道：“老刘，老刘，食量大如牛。吃个老母猪，不抬头！”众人先还发怔，后来都一齐哈哈大笑起来。湘云一口茶都喷了出来，黛玉笑岔了气，宝玉滚到贾母怀里，贾母笑得搂着叫“心肝”。王夫人笑得用手指着凤姐儿，却说不出话来。薛姨妈也掌不住口里的茶，喷了探春一裙子。独有凤姐、鸳鸯二人撑着不笑，还只管让刘姥姥。刘姥姥拿着凤姐给她的镶金象牙筷，沉甸甸的不听使唤，说：“这叉笆子比俺那里铁锨还沉，哪里犟得过它。”又夸那鹌鹑蛋：“这里的鸡儿也长得俊，下的蛋也小巧。”凤姐笑道：“一两银子一个呢，你快尝尝罢。”刘姥姥伸筷子去夹，哪里夹得起，好容易撮起一个来，伸着脖子要吃，偏又滑下来滚到地上。刘姥姥叹道：“一两银子，也没听见个响声就没了。”众人已没心吃饭，都看着她笑。

【赏　析】

选文可以说是描绘了一幅“群笑图”，每个人各具特点的笑态和动作全都生动、夸张地展现出来。文中将沉甸甸的镶金象牙筷子与农家的铁锨相比，很符合刘姥姥乡下人的身份。在描写刘姥姥夹菜时，先细致地刻画了她夹菜的“艰辛”，再让那鹌鹑蛋“偏又滑下来滚到地上”，这样就产生了强烈的幽默效果。

最后一课

我每次抬起头来，总看见韩麦尔先生坐在椅子里，一动也不动，瞪着眼看周围的东西，好像要把这小教室里的东西都装在眼睛里带走似的。只要想想：四十年来，他一直在这里，窗外是他的小院子，面前是他的学生；用了多年的课桌和椅子，擦光了，磨损了；院子里的胡桃树长高了；他亲手栽的紫藤，如今也绕着窗口一直爬到屋顶了。

可怜的人啊，现在要他跟这一切分手，叫他怎么不伤心呢？何况又听见他的妹妹在楼上走来走去收拾行李！——他们明天就要永远离开这个地方了。

…………

忽然教堂的钟敲了十二下。祈祷的钟声也响了。窗外又传来普鲁士士兵的号声——他们已经收操了。韩麦尔先生站起来，脸色惨白，我觉得他从来没有这么高大。

“我的朋友们啊，”他说，“我——我——”

但是他哽住了，他说不下去了。

他转身朝着黑板，拿起一支粉笔，使出全身的力量，写了两个大字：

“法兰西万岁！”

然后他呆在那儿，头靠着墙壁，话也不说，只向我们做了一个手势：“放学了，——你们走吧。”

【赏 析】

文章中从韩麦尔先生的动作和表情表现出了他激动而又痛苦的心理。第一段的心理追忆，向我们交代了韩麦尔先生对这所学校如此留恋的原因。第四段的语言描写表现了韩麦尔先生心情的极度痛苦，连话都说不下去了。最后两段的语言和动作描写表现出韩麦尔先生已经被巨大的痛苦折磨得很虚弱了，非常失落而无奈。

拓展阅读

钱钟书轶事

钱钟书是中国文坛上的人物塑造大师，寥寥几笔，就能让一个具有鲜明特色的人物形象跃然纸上。而钱钟书本人也是一个具有传奇色彩的人物。

钱钟书出生于江苏无锡的诗书世家，自小聪慧过人。他的父亲钱基博是当时的著名学者。但因为他的伯父没有儿子，按照家族惯例，钱钟书一出生就过继给伯父抚养了。他出生那天，恰好有人送来一部《常州先哲丛书》，伯父就为他取名“仰先”，字“哲良”，是“仰慕先哲”的意思。后来他周岁“抓周”的时候，抓到一本书，因而正式取名为钱钟书。

钱钟书年少的时候就已经才名远播，有“民国第一才子”的称号。1929年，他以英文满分的成绩考入清华大学外文系，成为著名教授吴宓的得意门生。他上课的时候从不记笔记，总是边听课边看闲书，但每次考试却都能拿第一名，甚至有时还能得到破纪录的成绩。吴宓教授对这个天才更是青睐有加。几乎每次上完课后，他都会“谦恭”地问：“Mr. Qian的意见怎么样？”而钱钟书往往会先略微恭维一下，然后将整堂课批判得体无完肤。吴宓倒也大度，并不会气恼，只是微微点头。

钱钟书的涉猎广泛和博闻强识是出了名的，传闻他有过目不忘的本领。

一次，著名的画家黄永玉要写关于“凤凰涅槃”的文字根据，但一点儿材料也没有。他翻遍了《辞源》《辞海》《中华大词典》《佛学大词典》等资料，还请教了很多专家，仍是一无所获。这时，他忽然想起了钱钟书，就赶紧给他打了个电话。钱钟书在电话里跟他说：“凤凰跳进火里再生的故事是有的，古罗马钱币上有过浮雕纹样，但这也不是古罗马的发明，可能是从希腊传过去的故事，说不定和埃及、中国也都有点儿关系……你去翻一翻中文本的《简明不列颠百科全书》，在第三本里可以找得到。”黄永玉听后就照着去做了，果然轻而易举地解决了问题。

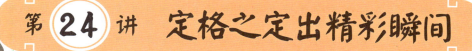

第24讲 定格之定出精彩瞬间

知识背景

记叙文主要包含叙述和描写两个方面，本课就是专门练习对某一个精彩瞬间的细致描绘。瞬间之所以精彩，或是那一刻的惊心动魄，或是那一时的灵感乍现，也许是某一抬头的瞬间，父母额间的皱纹、鬓边的白发，让人想到他们的辛劳……记叙文是中小学阶段应试的主要文体，但是大部分学生总是将记叙文写成流水账，读之味同嚼蜡，这是因为我们的作文中描写所占的比重太少，如果我们能在作文中有意识地加入记忆中精彩瞬间的描写，那么我们的作文一定能够脱颖而出。

重点难点

1. 理解瞬间描写的技法概念，掌握如何捕捉精彩画面的写作技巧。
2. 按要求完成有关习作。

著作推荐

1. 书目推荐：《平凡的世界》，路遥著，北京十月文艺出版社，2012年。
2. 影视推荐：《智取威虎山》，徐克导演，2014年。

课前阅读

一队足球运动员去别国比赛。一天在休息时间他们所有队员去街上闲逛，忽然一个婴儿从十楼上掉了下来，众人纷纷抬头望着那个婴儿，不由地张开了大口。当婴儿即将落地的时候，只见足球队中的守门员本能地做好了下蹲的姿势，空气瞬间凝固了。突然间，守门员一个跳跃扑了出去，接住了孩子。街上顿时响起了雷鸣般的掌声，只见守门员笑了笑，习惯性地拍了这孩子两下，一个大脚踢了出去……

怎么样？这个小笑话是不是被描写得很精彩呢？生活中的你是不是也碰到过一些精彩的瞬间？让我们用手中的笔将它们记录下来吧！

技法展示

定格产生于电影、电视片中的活动画面，是动作的刹那间的“凝结”，显示宛若雕塑的静态美，用以突出或渲染某一场面、某种神态、某个细节等。写作中的定格是一种为了突出某一个精彩的场面，重点刻画这个场面时的细节，从而给作者留下深刻印象的写作手法。那么，怎样捕捉精彩的画面呢？主要可以分为以下几类：

一、体育比赛的决胜时刻

定格中的画面要选择具有特点的场面以及富有特色的人物，这在体育比赛的决胜时刻最为常见，如刘翔冲刺撞线的一瞬间；篮球比赛最后一秒的灌篮；足球守门员高高跃起扑球的一刻……

例 比赛只剩下不到十秒了，我们还落后两分。正在这时，队长把球传到了小楠的手里，小楠被两人包夹，情况十分危急，我们也跟着着急，却也分身乏术，只听队长大喊一声：“快攻，没时间了！”就在大家以为小楠会快攻灌篮时，只见他右脚后撤了半步，一个转身站在了三分线外，他这是要投三分！只剩下两秒了，大家都屏住了呼吸，小楠高高地将球举起，双腿微曲，眼睛眯成了一条线，仿佛这样能更聚焦些，手腕稍一用力，轻轻地抛出了最后一球，整个人也随着惯性缓缓向后倒去。此时，耳边响起了裁判的哨声，我听着比赛结束的哨声，眼睛盯着那球一眨不眨，只见它在空中划出一道优美的弧线，向着篮筐飞去，我整个人都怔在球场上，直到观众席传来激动的呐喊声和热烈的掌声，我才意识到球进了，球进了！我们赢了，我们赢了！

——《最后一球》

上例描写了篮球比赛即将结束时的关键一球，着重描写了主人公小楠最后投篮时的动作、表情等，使读者更能深刻地感受到比赛时紧张、激烈的心情，富有感染力和画面感。

二、事情发展的关键时刻

定格捕捉的多是精彩瞬间，也可以是一件事情发展的关键时刻，如防爆员拆除炸弹，剪掉最致命的一根导线的一刻；汽车飞驰而来，父亲推开孩子的一刻；羚羊被盗猎者追捕，助跑飞跃悬崖的一刻等。

例 公斑羚朝那拨年轻斑羚示意性地咩了一声，一只半大斑羚应声走了出来。一老一少走到了伤心崖，后退了几步，突然，半大的斑羚朝前飞奔起来，差不多同时，老斑羚也快速起跑，半大的斑羚跑到悬崖边缘，纵身一跃，朝山涧对面跳去；老斑羚紧跟半大斑羚后面，头一钩，也从悬崖上蹿跃出去；这一老一少跳跃的时间稍分先后，跳跃的幅度也略有差异，半大斑羚角度稍高些，老斑羚角度稍低些，等于是一前一后，一高一低。我吃了一惊，怎么，自杀也要老少结成对子，一对一对去死吗？这只大斑羚和这只老斑羚除非插上翅膀，否则绝对不可能跳到对面那座山崖上去！突然，一个我做梦都想不到的镜头出现了，老斑羚凭着娴熟的跳跃技巧，在大斑羚从最高点往下落的瞬间，身体出现在半大斑羚的蹄下。老斑羚的跳跃能力显然要比半大斑羚略胜一筹，当它的身体出现在半大斑羚的蹄下时，刚好处在跳跃弧线的最高点，就像两艘宇航飞船在空中完成了对接一样，半大斑羚的四只蹄子在老斑羚宽阔结实的背上猛蹬了一下，就像踏在一块跳板上，它在空中再度起跳，下坠的身体奇迹般地再度升高。而老斑羚就像燃料已输送完了的火箭残壳自动脱离宇宙飞船，不，比火箭残壳更悲惨，在半大斑羚的猛力踢蹬下，像只突然断翅的鸟笔直坠落下去。这半大斑羚的第二次跳跃力度虽然不如第一次，高度也只有地面跳跃的一半，但足以够跨越剩下的最后两米路程了。瞬间，只见半大斑羚轻巧地落在了对面山峰上，兴奋地咩叫了一声，钻到磐石后面不见了。

——沈石溪《斑羚飞渡》

文中在描写斑羚飞渡的场面时，可谓是精雕细刻。沈石溪从两只斑羚跳跃的时间、速度、角度等方面均做了具体交代，又生动细致地描写了第一对斑羚飞渡的过程，让人仿佛置身其中，不禁为斑羚伟大的牺牲精神所震撼。

三、具有特殊含义的人生时刻

定格还可以选取那些具有特殊含义的人生时刻，或让自己印象深刻的某一瞬间，如自己动手制作的航模成功升空的瞬间；被评为优秀中队长上台领奖的瞬间；第一次看到母亲头上白发的瞬间；国家领导人来学校参观，与主席亲切握手的瞬间等。

例 我坐在车里，车子斜斜的就停在街心，后望镜里，还是看得见母亲的背影，她的双手，被那些东西拖得好似要掉到了地上，可是她仍是一步又一步地在那里走下去。

母亲踏着的青石板，是一片又一片碎掉的心，她几乎步伐踉跄了，可是手上的重担却不肯放下来交给我，我知道，只要我活着一天，她便不肯委屈我一秒。

——三毛《背影》

三毛的《背影》讲述的是她在丈夫荷西离世后，整个人一直沉浸在悲痛之中，忘了父亲和母亲的存在和痛苦，每天都在奔波，却不曾留意过父母的感受。选文是一次母亲提着超市的重物，在大风里前行时的样子，“我”透过车里的后视镜，看见她的背影，母亲吃力地提着袋子，步伐踉跄地走在青石板路上，这一描写极具感染力和画面感，也更加突出了母亲对“我”无尽的呵护和疼惜，以及“我”对父母深深的愧疚。

本课习作

将半命题作文“________的一瞬间”的题目补充完整，写一篇不少于400字的记叙文。要求运用本课所学技巧。

写作锦囊

【按图索骥】

跨越终点的一瞬间		
布景		运动会的百米跑道上，我即将第一个冲过终点。
人物刻画	裁判	握紧了手中的秒表，时刻准备着为我记录这激动人心的一刻。
	同学们	在看台上为我欢呼，每个人的脸上都洋溢着开心的笑容。
	老师	不停地用相机捕捉着我的每一个动作。
	我	此时此刻想到了为了这一刻的到来付出的辛苦努力。
环境渲染		脚下红色的跑鞋在红色的塑胶跑道上飞驰；台下的同学纷纷摇动着红色的小旗子为我呐喊；落日红色的余晖缓缓地洒在操场的每一个角落里。

【日积月累】

1. 咬紧牙关：尽最大努力忍受痛苦或克服困难。
2. 欢呼雀跃：高兴得像麻雀那样跳跃起来。
3. 屏气凝神：形容注意力高度集中。
4. 破釜沉舟：比喻下决心不顾一切地干到底。

范文赏析

母爱是人类最重要的一种情感，如涓涓细流般从我们的生命中流过，很多名家都写过母爱，比如肖复兴的散文《母亲》，通过细腻的笔触描绘了继母对自己无私的爱。不仅是名家笔下的母爱打动人心，很多学生的习作也生动地表现了母子、母女之情。今天，就让我们一起来看看吧！

定格在时光中的记忆

冬天的早晨，天总是灰蒙蒙的，母亲总是在厨房里忙着给我做着早点。

那天早晨，我很早就爬起来了，一股寒意让我忍不住打了个冷战。我推开房门，准备去洗漱。忽然间，我发现厨房闪着微微的亮光，头脑立刻清醒了，轻轻地喊了一声“妈”。

母亲没有理睬我，伴着微微的灯光，我仔细观察着她那日渐苍老的面庞：两鬓的头发花白，微微下垂，显得有点劳累，眼角布满了纵横的鱼尾纹，一双不大但却美丽的眼睛注视着锅里的面，母亲的眼睛闪烁着亮光，像夜空里闪烁的星星，在心灵的天幕上或明或暗地眨来眨去。还有母亲那乌黑的秀发，现如今已染上了些许银色。想起母亲那日夜操劳的身影，我的眼角湿润了。

我在厨房外站了许久，当母亲端着做好的面走出厨房时，我却不知道该用什么话来感谢母亲。

这是18岁那年，映入我眼帘的一张令我至今难忘的脸庞！

母亲的那一张脸，告诉了我太多太多，那面庞，久久地定格在心头，定格在心头……

【赏　析】

作者全文只写了一件事情：冬日清晨妈妈为“我”做早餐，在这看似平常的场景中，小作者却能捕捉到精彩的画面：冬日的清晨，“我”早起去洗漱，发现妈妈正在为“我”做早饭。这时，作者将焦点放在：“我”眼中母亲在做早饭的样子。重点对母亲进行了外貌和神态描写，通过母亲斑白的头发、眼角的细纹，写出了母亲的日夜操劳在脸上留下的印记。但是，母亲丝毫没有顾及自己，而是全心全意为“我”准备早饭，这一点从她专注的神情中可以看出。

结尾处点题，写出母亲的面庞永远定格在“我”的记忆之中，“我”感受到了母亲的爱，也将尽力回报这份爱，这份心意虽未明说，但已蕴含其中，言有尽而意无穷。

拓展阅读

定格——泰坦尼克号撞冰山

泰坦尼克号是一艘奥林匹克级游轮，由位于爱尔兰岛贝尔法斯特的哈兰德与沃尔夫造船厂制造，是当时最大的客运轮船。第一次下水航行，泰坦尼克号从英国南安普敦出发，计划中的目的地为美国纽约。但谁也没有预料到，这艘号称“永不沉没之船”的泰坦尼克号会在航行中遇难。

1912年4月14日，这是一个风平浪静的夜晚，一切都那么平常。二十三点四十分，瞭望员弗雷德里克·弗利特发现远处有“两张桌子大小”的一块黑影，在以很快的速度变大。他敲了三下驾驶台的警钟，抓起电话：“正前方有冰山！”减速后，这艘巨轮还是和冰山进行了一次长时间的“死亡之吻”。冰山划过船体的一刻，船上的所有人都有着不同的反应：头等舱和二等舱一些睡得不熟的乘客被一阵轻微的金属刮擦声惊醒了。他们感觉到船身轻微震动了一下。有人以为遇上了大浪，有人以为是触礁了，还有人以为是螺旋桨发生了故障。但是下面船舱的乘客感觉到的震动就要剧烈得多，有的乘客看到了舷窗外擦身而过的乳白色冰山，有些擦掉的冰块掉到了船舱里。而底层统舱的移民乘客更是心惊肉跳地发现冰冷刺骨的海水正从不知道的什么地方漫过门缝。船很快停了下来。一些乘客披上外套来到甲板上，甲板上的人们在漆黑的天穹下，望着泰坦尼克号的窗户里发出温暖的淡黄色灯光，四根高大的黄黑两色烟囱中冒着白色的蒸汽烟雾，这是人们最后看到的完整的泰坦尼克号。随后，这个庞然大物便因船体断裂而缓缓地沉入大海之中……

爆趣大语文　中阶（上）阅读理解答案

第 1 讲　李煜

《虞美人》

1. yú；kān；qì；yù
2. 雕栏玉砌应犹在，只是朱颜改。
3. 词的上阕一共写了“春花”“秋月”“小楼”“东风”“明月”五个意象，这些意象的共同特点是美，作者写这些是为了表明自己对人生的厌倦，这是以美景写哀情的反衬手法。
4. 运用了设问和比喻的修辞手法。把“愁”比作“一江春水向东流”，突出了“愁”的深重、强烈和无穷无尽。这种比喻性的写法可以化抽象为形象，把“愁”写得具体可感，给人留下深刻的印象。
5. 表达了词人深重的故国之思与亡国之恨。

第 2 讲　柳永

《雨霖铃》

1. lín；níng yē；ǎi；chén
2. （1）悲痛气塞，说不出话来。

   （2）一年又一年。
3. 执手相看泪眼，竟无语凝噎
4. 同：都是送别诗，都表达了不忍与朋友分别的伤感之情。

   异：（1）题材不同（词与诗）；（2）作者身份不同（作为送别者和被送者）；（3）感情侧重不同（强调离别的伤感之情与强调友情的深厚）（围绕关键点，言之成理即可。）
5. 点拨：语句通顺，突出离别特点即可。

第3讲 范仲淹

《渔家傲》

1. zhuó；lè；qiāng；mèi
2. 浊酒一杯家万里，燕然未勒归无计。
3. 相比中原，这里的风景比较另类：大雁都不愿意停留下来；四面的号角声不断，战事频发；孤城紧闭，让人心寒。
4. 傍晚时分，长烟升空，山衔落日，连绵不断的山峦里只有一座孤零零的城池，城门紧闭，孤立无援，描绘了一幅肃杀悲凉、辽阔孤寂的塞外孤城图。
5. 这首词体现了将士戍边难归的思乡之情、想要报国立功的豪情壮志和壮志难酬的苦闷，同时也写出了将士们不畏艰苦的英雄气概。

第4讲 苏轼（上）

《水调歌头》

1. què；qióng；qǐ；chán
2. （1）我欲乘风归去，又恐琼楼玉宇，高处不胜寒。
   （2）千里共婵娟
3. 叙述作词的原因和创作背景，领起下文。
4. “人有悲欢离合，月有阴晴圆缺，此事古难全”。这三句为安慰的语气，将人世的聚合离散看作如明月的阴晴圆缺，非人力所能左右。既然月有圆缺，人有离合，自古皆然，那是没有什么可悲伤的了。唯有兄弟俩彼此珍重，在相隔千里共赏中秋美好的月色。
5. 表达美好祝愿的句子是：“但愿人长久，千里共婵娟。”只希望两人平平安安，虽然相隔千里，也能共享这美好的月光。表达了作者对远方亲人和对自己的美好祝愿。

第5讲 苏轼（下）

《念奴娇·赤壁怀古》

1. lěi；guān；qiáng lǔ；lèi

2. “乱石穿空”写出了山势险峻，“惊涛拍岸”写出了巨浪惊险，“卷起千堆雪”运用了比喻的手法形象地写出了江水的汹涌澎湃。这三句合写赤壁景色，有声有色。

3. 这三句运用拟人、比喻、夸张、对偶等修辞手法，从声音、色彩、姿态、气势等方面描绘赤壁的奇景和长江的气势，也暗写下阕赤壁之战惊心动魄的场面和英雄人物的英姿，表现作者的豪迈奋发意气，渲染了环境气氛。

4. 通过周瑜少年英雄的形象，抒发了自己怀才不遇、壮志难酬的感慨。周瑜年仅34岁就在赤壁之战中取得胜利，成为一时之英雄。而自己年将半百，却身遭贬谪，功业无成，怎能不在感慨万分中生发仰慕之情呢？苏轼对周瑜赞扬的同时又是在慨叹自己。对比反差强烈，既显出周瑜的少年得志，又显出自己的壮志未酬，意在感慨自己报国无门，渴望能够建功立业。

第6讲 王安石

《桂枝香·金陵怀古》

1. líng；zhào；lù；jiē

2. （1）送目：远目，望远。

   （2）难足：难以完美地表现出来。

   （3）凭高：登高。这是说作者登上高处远望。

3. ①“登临送目”领起上片写景；②“故国”点题（或扣题），为下片的怀古伏笔；③“晚秋”点明登临季节，“天气初肃”为写景抒怀奠定基调。

4. 作者举了陈后主和宠妃张丽华的例子，他们的奢靡生活，使得国家灭亡。

5. 作者借用杜牧《泊秦淮》中的“商女不知亡国恨，隔江犹唱后庭花”的诗意，指出六朝亡国的教训已被人们忘记了。这结尾的三句借古讽今，寓意深刻。

第7讲 欧阳修

《醉翁亭记》（节选）

1. chú；hè；láng yá；chán；zhé
2. （1）皆：副词，都。
   （2）蔚然：草木繁盛的样子。
   （3）寓：寄托。
3. （1）饮少辄醉，而年又最高。
   （2）醉翁之间不在酒，在乎山水之间也。
4. 《醉翁亭记》第一段的写景顺序是：由远到近，从面到点。景物次序：环滁皆山——琅琊山——酿泉——醉翁亭。
   远景：环滁皆山也。其西南诸峰，林壑尤美。望之蔚然而深秀者，琅琊也。
   近景：有亭翼然临于泉上者，醉翁亭也。

第8讲 秦观

《踏莎行·郴州旅舍》

1. suō；yì；chēn；xiāo
2. （1）津渡：渡口。
   （2）桃源：指与世无争的隐居之地。
   （3）幸自：本自，本来是。
3. 同意。这首词表面上写的是雾气弥漫，月色朦胧，让人看不清楼台，望不到津渡，更找不到当年陶渊明笔下的桃花源，实际上这里的“楼台”“津渡”“桃源”都是美好事物的象征，表现的是词人被贬官后感到美好的生活已经消失，内心具有一种无所适从、找不到出路的惆怅之情和对前途的渺茫之感。

4. ①本句使用了比喻的修辞手法。一束束梅花，一封封书信，仿佛成了一块块砖石，层层垒起，以至于达到“无重数”的极限。②一个“砌”字把无形之“愁”化为具体可感之“砖石”，给人一种直觉的感受，如砖石砌墙。③生动形象地表现了词人心中的积恨也如砖石垒成的城墙那般沉重坚实而无法消解。

第9讲　晏殊

《浣溪沙》

1. huàn；jìng；pái huái
2. 无可奈何花落去，似曾相识燕归来
3. 时光易逝，春光难葆，一切必然消逝的美好事物都是无法阻止消逝的，但在消逝的同时还会有美好的事物再现不是“机械重复”，而是“似曾相识”的变化。

《蝶恋花》

1. mù；diāo；jiān；sù
2. 槛菊愁烟兰泣露。明月不谙离别苦，斜光到晓穿朱户。
3. 第二种境界：衣带渐宽终不悔，为伊消得人憔悴。（柳永《蝶恋花》）
   第三种境界：蓦然回首，那人却在，灯火阑珊处。（辛弃疾《青玉案》）

第10讲　但丁

《饕餮者》（节选）

1. 意大利　但丁“新时期的第一位诗人，旧时期的最后一位诗人”
2. hún；fèi
3. 烘托出地狱恐怖、阴冷的环境，为后文更恐怖的猛兽塞比猡的出场做铺垫。
4. 外貌：他的两眼发红，他的胡须油腻而发黑，他的肚腹阔大，他的双手有爪；

动作：他抓住那些阴魂，把他们剥皮，撕裂；当那巨物塞比猡看见我们时，他张开他的大口，露出了长牙。（答案不唯一）

5. 长相凶猛、恐怖，性情狂躁、贪食无厌。

第 11 讲　塞万提斯

《堂·吉诃德大战“绵羊大军”》（节选）

1. 西班牙　西班牙文学世界里最伟大的作家
2. 骑士文学　堂·吉诃德
3. yì；xiáng；hè
4. 他认为堂·吉诃德是一个脱离实际、只沉迷于自己的幻想中的人。这样评价是借此讽刺当时西班牙社会十分流行的骑士文学，当时的骑士小说已经越来越庸俗。
5. 堂·吉诃德是一个只沉迷于自己幻想的人，有些神志不清、疯狂可笑，但却十分热情。桑丘则事事从实际出发。

第 12 讲　莎士比亚

《威尼斯商人》（节选）

1. 夏洛克
2. 他是一个贪婪、吝啬的人。
3. 既是对鲍西娅聪明才智的由衷赞叹，又是对夏洛克自食其果的奚落嘲讽，让观众捧腹大笑，增加了轻松愉快的喜剧效果。
4. 以子之矛攻子之盾，只准割肉不准流血，重量丝毫不差，否则抵命。鲍西娅才智非凡，精明干练，崇尚正义，果断、沉着、勇敢等。
5. 当时社会对这一类人的歧视和强烈的排外心理。

第 13 讲　卢梭

《忏悔录》（节选）

1. qì；chǐ；tān；bì
2. 因为他们觉得在土台上种一棵树比在敌人堡垒的墙缝上插一面旗帜还伟大，觉得这是非常光荣的事情。
3. 希望，是指他们希望修建的暗沟可以起作用，这样小树就可以浇水了；恐惧，是指他们怕偷偷挖暗沟这事被朗拜尔西埃先生发现。
4. 先是砌池子；用各种诡计给它浇水；无心读书，挂念小树；挖暗沟浇树；掩护小树不被发现等。表现出了两个男孩对小树的喜爱。
5. 先是大吃一惊，大叫起来，并把这条地下水道破坏了。但是后来也没有责备孩子们，也没有给孩子们脸色看，心情还是很不错。可以看出他是一个心胸宽广能够原谅孩子们淘气的人。

第 14 讲　歌德

《少年维特之烦恼》（节选）

1. yīn；màn；yīn；pǔ
2. 有的以为维特是要取笑他们，就粗暴地将维特打发走。这是因为他们觉得像维特这样的富家子弟接近他们，一来有失富家子弟的身份，二来觉得这些富家子弟可能就是为了来显示自己的优越性的，所以他们对这些富家子弟并不友善。
3. 维特在瓦尔海姆一间酒店外的菩提树下，看见小兄弟俩相互靠着安静地坐着，十分和谐。这种自然中和谐的美，增强了维特“遵循自然的决心”
4. 崇尚人性的自然与自由、纯真执拗、独立不羁、向往自由、追求个性解放。（围绕文本分析）

第 15 讲 雨果

《悲惨世界》（节选）

1. kē；qiào；háo；yà
2. 因为她占了便宜，可以多得到五苏。说明她是一个十分贪财的势利小人。
3. 一开始德纳第太太对柯赛特态度十分不好，总是打骂她，后来当她发现这个有钱的冉·阿让十分喜欢珂赛特，为了讨得有钱人的欢心，她就对珂赛特十分地温柔。
4. 他是一个十分慷慨大方、很有同情心的人，同时又十分讨厌德纳第太太那种贪心的小人。
5. 因为他想看一下珂赛特生活的真实情况。

第 16 讲 大仲马

《基督山伯爵》（节选）

1. jǔ；jiǎo；dǎo；xiāng qiàn
2. 因为那个声音可以暗示着到底有没有宝藏，对于十分渴望发现宝藏的唐泰斯来说，有没有宝藏可以决定他的命运，所以这个声音比丧钟还让他害怕。
3. “摩挲、抚弄”“几乎像个疯子似的抖抖索索、魂不守舍”“窜”。
4. 了解故事情节，言之有理即可。
5. 热切盼望挖到宝藏兼之极度害怕没有宝藏。

第 17 讲 笛福

《鲁滨孙漂流记》（节选）

1. xiá；líng dīng；jié；wéi
2. 浑身湿透却没有衣服可换，他还担心被野兽吃掉，担心没有东西可以充饥解渴，不知道自己以后会怎样。后来他找到一棵大树可以睡觉。在海岸附近找到了淡水喝，吃了些烟叶充饥，后来在大船上找到了很多吃的喝的，还做了木筏。

3. 开始的时候是：忧心如焚、愁思满腔；找到淡水后：大喜过望；第二天醒来后：不禁又难过起来。（结合原文回答，言之成理即可）

4. 点拨：合理发挥想象，言之成理即可。

第 18 讲　斯威夫特

《利立浦特游记》（节选）

1. zuàn；gū；bì；shāng

2. 品德。因为只有少数天才才有卓越的才能，但这种人太少了。但是，人人都能掌握真诚、公正、克制自己等美德。如果人人能实践这些美德，再加上经验和为善之心，人人就能为国服务。

3. 虚构的情节和幻想的手法。

4. 人：15厘米；牛马：10 ~ 12.5厘米；绵羊：3.76厘米；树：210厘米。